やみつき！
コシヒカリ農家の
絶品おにぎり
レシピ

はぴ夫婦

宝島社

はじめに

はじめまして！
この本に出会っていただきありがとうございます。
Instagramで簡単おにぎりレシピを発信している新潟に住む、はぴ夫婦です！

Instagramでの発信を始めて2024年10月でちょうど1年、23万人以上の方にフォローしていただきました。ここまで続けてこられたのは、フォロワーさん、発信者の仲間たちの支えがあったからです。
驚くことに、日本だけに留まらず、アメリカやブラジル、全世界のフォロワーさんに応援していただいていて、うれしい限りです。
1年前、Instagramの世界に飛び込んだときは、まさか自分たちがレシピ本を出すことになるなんて夢にも思っていませんでした。人生何があるかわかりませんね！

さて、皆さんは誰のためにおにぎりを作りますか？
お子さんや旦那さん、大切なパートナー。大切な人が一日頑張れるように、お腹いっぱいになれるように───。
おにぎりには、さまざまな想いや愛情がつまっていると思います。

おにぎりは片手でパクッと食べられて、忙しい朝の食事や仕事に持っていくお昼ご飯、部活動の捕食、運動会といったイベントなど、様々なシーンで活躍してくれますよね。
でも、「毎日同じ味で飽きた」「レパートリーが少ない」などの声も多く聞こえてきます。
我が家も同じ悩みを抱えていたので、それを解決するために、始めたのがInstagramでの発信。1年間、Instagramと向き合い、活動を続けてきました。そしてついに私たちの集大成となるレシピ本が完成しました。

この本には、小さな子どもから大人まで毎日食べたくなるようなやみつきのおにぎりが180品載っています。もはや"おにぎり図鑑"です。

ぜひご家族皆さんで「明日のおにぎり、どれにする？」と会話しながら、この本を読んでいただけるとうれしいです。

子どもが落書きしたっていい。
この本がボロボロになるまで読んで、たくさんのおにぎりに出会ってください。
そして、たくさんの笑顔に出会えますように。

はぴ夫婦

目 次

はじめに ……………………………………………………………… 2

はぴ夫婦こだわりの羽釜!!	**おいしいお米の炊き方** ……… 8
おにぎりの型の使い方をマスター!	**究極の塩おにぎり** ……… 9
これ入れときゃまちがいない!	**はぴ夫婦のスタメンおにぎり具材** ……… 10
作り置きでバリエーションが広がる	**自家製おにぎりの具を作ろう** ……… 12
はぴ夫婦の 絶対作ってほしい!	**おすすめおにぎりTOP 5** ……… 14
フォロワーさんに聞いた!!	**人気おにぎりランキングTOP 5** ……… 15

本書の見方 …………………………………………………………… 16

Part 1 超時短! 混ぜるだけおにぎり

- 梅塩昆布おにぎり ……………………… 18
- 梅海苔おにぎり ………………………… 19
- 大人の味噌わさびおにぎり …………… 19
- 具だくさんおにぎり …………………… 20
- ごま油と大葉香るクリチーおにぎり … 21
- 海苔わさびおにぎり …………………… 21
- 赤しそチーズおにぎり ………………… 22
- かつお節香る塩昆布クリチーおにぎり … 22
- 野沢菜おにぎり ………………………… 23
- 鶏がら梅おにぎり ……………………… 23
- 梅と大葉の悪魔的おにぎり …………… 24
- 梅たぬきおにぎり ……………………… 24
- 桜えびと枝豆のカラフルおにぎり …… 25
- 悪魔のおにぎり ………………………… 25
- 桜えびと天かすおにぎり ……………… 26
- 高菜たらこおにぎり …………………… 26
- 青のりツナおにぎり …………………… 27
- 海苔明太おにぎり ……………………… 27
- 韓国風おにぎり ………………………… 28
- たらこ大葉おにぎり …………………… 28
- 高菜しらすおにぎり …………………… 29
- シン・悪魔のおにぎり ………………… 29
- 梅味噌おにぎり ………………………… 30
- ねぎ香る悪魔のおにぎり ……………… 30
- 鮭たぬきおにぎり ……………………… 31
- コンビーフおにぎり …………………… 31
- 梅ねぎおにぎり ………………………… 32
- 鮭塩昆布おにぎり ……………………… 32
- 中華風おにぎり ………………………… 33
- 紅生姜の悪魔風おにぎり ……………… 33
- 桜えびと塩昆布のたぬきおにぎり …… 34
- 鮭ねぎおにぎり ………………………… 34

Part 2 サッと作れる！簡単おにぎり

- 明太クリチーおにぎり …………… 36
- 枝豆と焼きたらこの濃厚おにぎり …… 37
- 炒り卵おにぎり …………………… 37
- 鮭レモンおにぎり ………………… 38
- カリカリ梅おにぎり ……………… 39
- クリチーナッツおにぎり ………… 39
- 彩り3色おにぎり ………………… 40
- 韓国スープ風おにぎり …………… 41
- ダブル昆布おにぎり ……………… 41
- チーズ明太焼きおにぎり ………… 42
- 栄養たっぷりおにぎり …………… 42
- だし巻き卵風おにぎり …………… 43
- さっぱり梅ツナおにぎり ………… 43
- 鮭チーズの大葉巻きおにぎり …… 44
- 梅味噌焼きおにぎり ……………… 44
- チーズ明太バターおにぎり ……… 45
- わかめ明太子おにぎり …………… 45
- 大葉たらこチーズおにぎり ……… 46
- 大葉にんにくしょうゆおにぎり …… 46
- 究極のツナマヨおにぎり ………… 47
- 人参塩昆布おにぎり ……………… 47
- お稲荷おにぎり …………………… 48
- たくあんおかかおにぎり ………… 48
- ねぎツナマヨおにぎり …………… 49
- ふわサクおにぎり ………………… 49
- ふわふわおにぎり ………………… 50
- つつまないお稲荷さん …………… 50
- 味噌たくチーズおにぎり ………… 51
- 大葉たまごチーズおにぎり ……… 51

おにぎり作りがもっとラクになる！はぴ夫婦のおすすめ便利グッズ ………… 52

Part 3 見た目も味もまるで専門店！握らないおにぎり

- 握らないおにぎりの作り方 ……… 54
- 高菜明太子のおにぎり …………… 56
- 甘辛牛肉のおにぎり ……………… 57
- ツナクリチーおにぎり …………… 57
- 自家製なめ茸おにぎり …………… 58
- 明太バターおにぎり ……………… 59
- 昆布クリチーおにぎり …………… 59
- ニラだれ卵黄のおにぎり ………… 60
- サーモンマヨおにぎり …………… 60
- ツナマヨチーズおにぎり ………… 61
- 高菜クリチーおにぎり …………… 61
- コンビーフマヨおにぎり ………… 62
- 卵黄のしょうゆ漬けおにぎり …… 62
- 揚げない天むす …………………… 63
- 野沢菜たらこおにぎり …………… 63
- 高菜明太マヨおにぎり …………… 64
- キーマカレーおにぎり …………… 64
- 明太子とクリチーおにぎり ……… 65
- 大葉味噌おにぎり ………………… 65
- 和風ツナマヨおにぎり …………… 66
- ガッツリそぼろおにぎり ………… 66
- たらこバターしょうゆおにぎり …… 67

- 肉味噌おにぎり … 67
- ねぎ肉味噌おにぎり … 68
- 卵黄豚キムチおにぎり … 68
- わさび香るツナマヨおにぎり … 69
- 焼肉コーンのおにぎり … 69
- 担々風おにぎり … 70
- 明太マヨおにぎり … 70
- アジフライマヨおにぎり … 71
- ししとう味噌おにぎり … 71
- 万能おにぎらず … 72
- ぱっかんおにぎり … 72

Part 4 パクパク食べられる！子どもがよろこぶおにぎり

- バターコーンおにぎり … 74
- 海苔唐揚げおにぎり … 75
- たらこチーズおにぎり … 75
- ウインナーチーズカレーおにぎり … 76
- 鮭クリチーおにぎり … 77
- 磯辺揚げ風おにぎり … 77
- 鮭味噌おにぎり … 78
- 塩昆布クリチーおにぎり … 78
- ケチャップおにぎり … 79
- 海苔ツナおにぎり … 79
- チーズ焼きおにぎり … 80
- 青のりチーズの唐揚げおにぎり … 80
- ツナマヨたまおにぎり … 81
- 鮭マヨ海苔おにぎり … 81
- 味噌マヨ焼きおにぎり … 82
- 鮭たまおにぎり … 82
- 唐揚げと塩昆布のおにぎり … 83
- ツナと枝豆と塩昆布のおにぎり … 83
- さつまいもおにぎり … 84
- 魅惑のチーズおかか … 84
- 和風バター焼きおにぎり … 85
- 鮭しょうゆバターおにぎり … 85
- 青のりウインナーおにぎり … 86
- チーズカレー焼きおにぎり … 86
- クリチーおかかおにぎり … 87
- ツナ塩昆布おにぎり … 87
- えび塩昆布おにぎり … 88
- 枝豆と炒り卵のおにぎり … 88
- 鮭バターおにぎり … 89
- 塩昆布と鮭チーズおにぎり … 89

はぴ夫婦厳選！おいしすぎるご飯のおとも … 90

Part 5 栄養満点！健康おにぎり

- 栄養満点かぶたくおにぎり … 92
- じゃこたらこおにぎり … 93
- しらすとわかめおにぎり … 93
- サバ大葉おにぎり … 94
- しばしそおにぎり … 95
- 生姜のおにぎり … 95
- しらすと野菜のおにぎり … 96
- カルシウム爆弾おにぎり … 97
- 梅ごまミョウガおにぎり … 97
- 梅おかかの彩りおにぎり … 98

- ごま油香る梅わかめおにぎり ……… 99
- サバねぎおにぎり ……………………… 99
- 小松菜じゃこおにぎり ………………… 100
- 塩サバ昆布おにぎり …………………… 101
- じゃこおかかおにぎり ………………… 101
- 栄養満点おにぎり ……………………… 102
- こざかナッツおにぎり ………………… 102
- サバたらこおにぎり …………………… 103
- 鮭じゃこおにぎり ……………………… 103
- えびじゃこ枝豆おにぎり ……………… 104
- カリシャキおにぎり …………………… 104
- たらこしらすおにぎり ………………… 105
- 薬味おにぎり …………………………… 105
- 海苔アボカドおにぎり ………………… 106
- 梅じゃこ塩昆布おにぎり ……………… 106
- 鮭と大葉の雑穀おにぎり ……………… 107
- 彩り豊かなお花見おにぎり …………… 107
- 長芋梅おにぎり ………………………… 108
- チーズちくわおにぎり ………………… 108
- 梅とじゃことオクラのおにぎり ……… 109
- サバと梅のおにぎり …………………… 109
- 大葉しらすおにぎり …………………… 110
- 梅しらすおにぎり ……………………… 110

Part 6 毎日食べたい！ごちそうおにぎり

- 生ハムバジルチーズおにぎり ………… 112
- ベーコンと小松菜の
  チャーハンおにぎり ………………… 113
- うま辛唐揚げおにぎり ………………… 113
- カレー風味のサバタツタおにぎり …… 114
- たこめしおにぎり ……………………… 115
- とうもろこしバターの
  炊き込みおにぎり …………………… 115
- イタリアンおにぎり …………………… 116
- ガーリックチャーハンおにぎり ……… 116
- チャーシューおにぎり ………………… 117
- そばめしおにぎり ……………………… 117
- 唐揚げ大葉おにぎり …………………… 118
- サバ味噌バターおにぎり ……………… 118
- 生ハムチーズおにぎり ………………… 119
- サバカレーおにぎり …………………… 119
- 海の幸おにぎり ………………………… 120
- ベーコンチーズ焼きおにぎり ………… 120
- チュモッパ ……………………………… 121
- チーズ入り肉巻きおにぎり …………… 121
- 鶏そぼろ焼きおにぎり ………………… 122
- 大葉味噌焼きおにぎり ………………… 122
- チーズビビンバ風焼きおにぎり ……… 123
- 焼きおにぎり茶漬け …………………… 123

食材別索引 …………………………………… 124

はぴ夫婦こだわりの羽釜!!
おいしいお米の炊き方

3合で炊きました！

炊き方

1 羽釜に米を入れ、2〜3回研ぐ

2 米の合数に合わせて水を入れ、30分間浸水させる

3 強火で吹きこぼれるまで火にかける

4 吹きこぼれたら弱火にして、20分間火にかける

5 火を止めて、5分間蓋を開けずに蒸らす

6 蓋を開けたら、しゃもじで起こすようにしてしっかりほぐす

おにぎりの型の使い方をマスター！

究極の塩おにぎり

材料（2個分）

- ご飯 …………………………………… 180g
- 塩 ………………………… 1個につきひとつまみ

はぴ夫婦おすすめの塩はこちら！
炊き立てのごはんにかけるだけで、
究極の味に！

笹川流れの塩 /
株式会社　えん

作り方

1 おにぎりの型の両側にごはんをつめる

2 ケースの蓋部分を **1** の上にのせる

3 上から軽く押して形を作る

4 蓋を外してお皿に移す

5 1個のおにぎりにつき、ひとつまみの塩を上から振りかける

これ入れときゃまちがいない！
はぴ夫婦のスタメンおにぎり具材

はぴ夫婦のおにぎり作りに欠かせない、よく使う具材一覧です。具材の切り方や、おすすめの商品も紹介しているのでぜひチェックしてみてください！

梅干し

イチオシはドン・キホーテの「つぶれ梅（しそ味）」。種を避けて、果肉部分をハサミでカットして使います。

高菜

ピリ辛でおいしい唐辛子入りのものを使用しています。味が濃いので、ご飯との相性も抜群！おにぎり全体の味が引き締まります。

大葉

大葉ならではの香りが良いアクセントに！ 葉をくるくる巻いて、ハサミでカットして使います。海苔の代わりに巻くのも◎。

韓国海苔

ごま油の香りと塩気でおいしさUP！ 手で細かくちぎり、すべての材料を混ぜ終わってから入れるのがおすすめ。

ツナ

はぴ夫婦のInstagramにもよく登場するドン・キホーテのツナ缶が最強！ よく油を切ってから使いましょう。

冷凍サバ

凍ったままフライパンで加熱すれば簡単解凍！ はぴ夫婦のおすすめは、楽天市場で買える「訳あり無塩骨取りサバ」。脂のノリが最高です。

ちりめんじゃこ

おいしくカルシウムを摂取できるすぐれもの！ カリカリ食感も楽しめるので、アクセントが欲しいときにおすすめ！

塩昆布

みんな大好き！ 昆布のうまみと塩気が最強のご飯のおとも。これを入れるだけで、おにぎりの見た目も味もパワーアップ！

天かす（揚げ玉）

スーパーのお惣菜コーナーに売っている天かすがはぴ夫婦のイチオシ！ 市販のものより粒が大きいので、ザクザク食感が楽しめます。

クリームチーズ

個包装になっているものを使います。握らないおにぎりのときは、ハサミで4等分にカット。混ぜるときは、さらに細かくカットします。

作り置きでバリエーションが広がる！
自家製おにぎりの具を作ろう

卵黄のしょうゆ漬け

`冷蔵で3日間保存可能`

材料

- 卵 ………………………………………………………… 作りたい数
- しょうゆ …………………………… 卵黄が隠れるくらいの量
- みりん … しょうゆと同量（卵黄1個に対して大さじ1）

作り方

1 殻がついたままの卵を冷凍庫で2日以上凍らせる

2 完全に凍ったら水にさらしながら殻を剥き、深めのお皿に入れて冷蔵庫で解凍する

3 半分ほど解凍されたらスプーンと箸を使って卵黄だけを取り出し、別の容器に入れる

4 卵黄が入っている容器に、しょうゆとみりんを1：1の割合でいれる

5 半日冷蔵庫で寝かせたら完成

超濃厚で驚きのおいしさ！

肉味噌

`冷蔵で3日間保存可能`

材料

- 豚ひき肉 ………… 200g
- にんにくチューブ
   ………………… 1〜2cm
- 生姜 ………………… 2cm
- ★味噌 ………… 大さじ3
- ★酒 …………… 大さじ1
- ★みりん ……… 大さじ1
- ★しょうゆ … 大さじ1/2
- ★砂糖 ………… 大さじ1

作り方

1 ★の材料をボウルに入れて混ぜ合わせる

2 ひき肉、にんにく、生姜を入れて炒める

3 2の色が変わってきたら1を入れて、汁気がなくなるまで弱火で煮つめて完成

家族の胃袋をつかんじゃう！

Instagramにも登場したことのある、イチオシの自家製具材の作り方を紹介します。簡単に作れて、おにぎりのクオリティーがぐんっとUPするので、ぜひ作ってみてください！

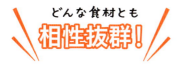

炒り卵

冷蔵で3日間保存可能

材料

- 卵 …………………………………………… 1個
- 砂糖 ……………………………………… 小さじ1
- 酒 ……………………………………… 小さじ1/2
- 塩 ……………………………………… ひとつまみ

作り方

1 すべての材料をボウルに入れてよく混ぜ合わせる

2 熱したフライパンに **1** を入れて、菜箸でぐるぐるかき混ぜながら加熱する

3 卵がポロポロとしてきたら完成

大葉味噌

材料

- 大葉 ………… 20枚以上
- ごま油 ……… 大さじ1/2
- ★酒 …………… 大さじ1
- ★みりん ……… 大さじ1
- ★生姜チューブ ……… 2cm
- ★砂糖 ………… 小さじ1
- ★味噌 ………… 大さじ2
- ・白ごま ……… 大さじ1

作り方

1 大葉を粗めのみじん切りにし、ごま油をひいたフライパンで軽く炒める

2 **1** に★の材料をすべて入れて水分がなくなるまで弱火で炒める

3 **2** に白ごまを入れて、よく混ぜたら大葉味噌の完成

はぴ夫婦の 絶対作ってほしい！
おすすめおにぎり TOP5

これまでたくさんのおにぎりを作ってきたはぴ夫婦。その中でも特におすすめしたいおにぎりを5つ選んでもらいました。ランキング入りしたおにぎりは、すべて本書でレシピを紹介しています。ぜひ実際に作って食べてみてください！

RANKING NO.1

ガッツリ食べて栄養補給！
サバたらこおにぎり

おすすめランキング1位は楽天の「骨取りサバ」とたらこを使った贅沢なおにぎり。やみつきになるおいしさです。
（2024年6月3日投稿）

RANKING NO.2

前代未聞！
イタリアンおにぎり

生ハムとナッツを使った新感覚のおにぎり。お手軽にイタリアンな味が楽しめます。
（2024年8月15日投稿）

RANKING NO.3

まるで専門店の味！
卵黄のしょうゆ漬けおにぎり

一度食べたらあなたも虜に！超濃厚な卵黄の作り方はP12で紹介しています。
（2023年12月24日投稿）

RANKING NO.4

夫婦で取り合い！
梅と大葉の悪魔的おにぎり

はぴ夫婦が取り合った絶品すぎるおにぎりです。
（2024年4月22日投稿）

RANKING NO.5

ガチやべぇ！
梅塩昆布おにぎり

混ぜるだけで即完成！ごま油が利いた癖になるおにぎりです。
（2024年2月13日投稿）

フォロワーさんに聞いた！！
人気おにぎりランキング TOP5

はぴ夫婦のInstagramにて人気おにぎり調査を行いました。再生回数が多いものの中でも特に票を集めた大人気おにぎりをご紹介します。はぴ夫婦のフォロワーさんの推しおにぎりをぜひご堪能ください！

RANKING NO.1
ガッツリ食べて栄養補給！
サバたらこおにぎり

どちらのランキングでも1位を獲得したおにぎり。Instagramのリールにて約325万回も再生された正真正銘の大人気レシピです。(2024年6月3日投稿)

RANKING NO.2
ガチやべぇ！
梅塩昆布おにぎり

はぴ夫婦のおすすめにもランクイン！再生回数約380万回にも及ぶバズおにぎりです。(2024年2月13日投稿)

RANKING NO.3
お米なくなる！
具だくさんおにぎり

ドンキのツナ缶といろいろな具材のうまみがギュッと詰まったおにぎり。約328万回再生。(2024年2月19日投稿)

RANKING NO.4
味も見た目も専門店！
高菜明太子のおにぎり

9万人以上が保存したおにぎりがランクイン！驚異の546万回再生超え！(2024年1月9日投稿)

RANKING NO.5
旦那ウケ抜群！
肉味噌おにぎり

濃いめの味付けがたまらないリピート必至のおにぎり！約250万回再生。(2024年1月16日投稿)

本書の見方

1. はぴ夫婦のもとに届いた、そのおにぎりのレシピに対するフォロワーさんからのコメントとユーザーネームを記載しています。
2. そのおにぎりを実際に食べたはぴ夫婦の家族からのコメントを記載しています。
3. Instagramにて100万回以上再生されたレシピを表すバッジです。
4. 材料は、基本的におにぎり1個分の分量を記載しています。作りたい数によって、分量を調節してください。
5. おにぎりをよりおいしく作るためのポイントを記載しています。

- 小さじ1は5ml、大さじ1は15mlです。
- ひとつまみは、親指、人差し指、中指でつまんだ量です。
- 適量は、味や混ざり具合を確かめながら調節してください。
- 特別な表記がない限り、しょうゆは濃口しょうゆ、味噌は麹味噌、卵はMサイズ、バターは無塩バターを使用しています。
- 冷凍のものを使用している食材は、お好みに合わせて生のものを使用しても大丈夫です。
- 電子レンジは600W、オーブントースターは1000Wで使用しています。機種によって加熱具合などに差が生じるため、食材の様子を見ながらお手持ちのレンジやオーブントースターに合わせて調節してください。電子レンジやトースターを使う際は、加熱しても問題のない耐熱容器やアルミホイルを使用しています。
- フライパンで具材を炒めるときは、基本的に中火で行います。
- 具材の分量は、あくまでも目安です。好みの味や、ご家庭にある材料に合わせて分量を調節してください。

Part 1

超時短！

混ぜるだけ おにぎり

材料全部とご飯を混ぜて型に入れるだけ！
忙しい朝でもあっという間に完成するおにぎりレシピを紹介します。

美味しそうー！！
間違いない組み合わせですね！
@yua_meshi

ガチやべぇ！
梅塩昆布おにぎり

材料（1個分）

- ご飯 …………………………… 90g
- 梅干し ………………………… 1個
- 塩昆布 ………………………… 大さじ 1/2
- 白ごま ………………………… 大さじ 1/2
- かつお節 ……………………… 1g
- ごま油 ………………………… 小さじ 1/2

作り方

1 ご飯とすべての材料をボウルに入れてよく混ぜ合わせる。梅干しはハサミで細かくカットしながら入れる

2 1をおにぎりの型につめ、形を作って取り出したら完成

本当は教えたくない！
梅海苔おにぎり

材料（1個分）

- ご飯 ·· 90g
- ★ 梅干し ································· 1個
- ★ 大葉 ···································· 2枚
- ★ 白ごま ···························· 小さじ1/2
- 韓国海苔（八つ切り） ················ 2枚

作り方

1. ご飯と★の材料をボウルに入れてよく混ぜ合わせる。梅干しと大葉はハサミで細かくカットしながら入れる
2. 韓国海苔を手で細かくちぎりながら1に入れてよく混ぜ合わせる
3. 2をおにぎりの型につめ、形を作って取り出して完成

▶ ご飯全体に味をつけてから、最後に韓国海苔を入れるとバリバリ感が残ります

材料（1個分）

- ご飯 ············ 90g
- 味噌 ······ 大さじ1/2
- わさびチューブ
  ············ 3cm程度
- めんつゆ（4倍濃縮）
  ················ 大さじ1
- 白ごま ······ 大さじ1
- 大葉 ············· 2枚

作り方

1. ご飯とすべての材料をボウルに入れてよく混ぜ合わせる。大葉はハサミで細かくカットしながら入れる
2. 1をおにぎりの型につめ、形を作って取り出して完成

ツーンと香る
大人の味噌わさびおにぎり

わさびは、食材の傷みや食中毒を防ぐ効果があるよ！

Part 1 超時短！混ぜるだけおにぎり

お米がなくなる！
具だくさんおにぎり

部活男子に見せたら今度作ってのリクエスト入りましたー！
@ tomoko.kurokawa

材料 (1個分)

- ご飯 …………………………………… 90g
- ツナ缶 ………………………………… 1/4 缶
- 塩昆布 ………………………………… 大さじ 1/2
- 小ねぎ ………………………………… 小さじ 1/2
- かつお節 ……………………………… 1g
- 白ごま ………………………………… 大さじ 1/2
- しょうゆ ……………………………… 小さじ 1/2
- ごま油 ………………………………… 小さじ 1/2

作り方

1. ツナは油を切る
2. ご飯とすべての材料をボウルに入れてよく混ぜ合わせる
3. 2をおにぎりの型につめ、形を作って取り出して完成

つまみ食いが止まらない！
ごま油と大葉香るクリチーおにぎり

材料（1個分）
- ・ご飯 …………… 90g
- ★大葉 …………… 2枚
- ★めんつゆ（4倍濃縮） ………… 大さじ1/2
- ★ごま油 …… 小さじ1/2
- ・クリームチーズ（個包装タイプ）……… 1個

作り方
1. ご飯と★の材料をボウルに入れてよく混ぜ合わせる。大葉はハサミで細かくカットしながら入れる
2. クリームチーズをハサミで細かくカットしながら**1**に入れてよく混ぜ合わせる
3. **2**をおにぎりの型につめ、形を作って取り出して完成

> POINT ▶ 油分が多く、崩れやすいので他のおにぎりより少し強めにつめてください

Part 1 超時短！混ぜるだけおにぎり

材料（1個分）
- ・ご飯 …………………………………… 90g
- ★わさびチューブ …………………… 1〜2cm
- ★しょうゆ ………………………… 小さじ1/2
- ・韓国海苔（八つ切り）………………… 4枚

作り方
1. ご飯と★の材料をボウルに入れてよく混ぜ合わせる
2. 韓国海苔を手で細かくちぎりながら**1**に入れてよく混ぜ合わせる
3. **2**をおにぎりの型につめ、形を作って取り出して完成

はじめよう、海苔革命！
海苔わさびおにぎり

おにぎりにわさび……だまされたと思って作ってみて！

21

マンネリ解消！
赤しそチーズおにぎり

一度は食べて
みてほしい！
和洋折衷
おにぎり

材料（1個分）

- ご飯 …………………………………… 90g
- 赤しそのふりかけ …………………… 小さじ1
- ベビーチーズ ………………………… 1個

作り方

1 ご飯と赤しそのふりかけをボウルに入れてよく混ぜ合わせる

2 ベビーチーズをハサミで細かくカットしながら **1** に入れてよく混ぜ合わせる

3 **2** をおにぎりの型につめ、形を作って取り出して完成

 ▶ベビーチーズは細かく角切りにして最後に入れ、切るように混ぜてください

材料（1個分）

- ご飯 …………………………………… 90g
- ★塩昆布 ……………………………… 大さじ1/2
- ★かつお節 …………………………… 1g
- ★白ごま ……………………………… 大さじ1/2
- クリームチーズ（個包装タイプ）…… 1個

作り方

1 ご飯と★の材料をボウルに入れてよく混ぜ合わせる

2 クリームチーズをハサミで細かくカットしながら **1** に入れてよく混ぜ合わせる

3 **2** をおにぎりの型につめ、形を作って取り出して完成

絶対やみつき！
かつお節香る
塩昆布クリチーおにぎり

反則級にシャキうま！
野沢菜おにぎり

材料 (1個分)
- ご飯 …………… 90g
- 野沢菜漬け（刻んだもの）……… 大さじ1
- かつお節 …………… 1g
- 大葉 …………… 1枚
- ごま油 …… 小さじ1/2
- めんつゆ（4倍濃縮）…………… 小さじ1/2

作り方
1. ご飯とすべての材料をボウルに入れてよく混ぜ合わせる。大葉はハサミで細かくカットしながら入れる
2. 1をおにぎりの型につめ、形を作って取り出して完成

Part 1 超時短！混ぜるだけおにぎり

材料 (1個分)
- ご飯 …………………………… 90g
- 梅干し …………………………… 1個
- 鶏がらスープの素（顆粒）……… 小さじ1/2
- 白ごま ………………………… 大さじ1/2
- ごま油 ………………………… 小さじ1/2

作り方
1. ご飯とすべての材料をボウルに入れてよく混ぜ合わせる。梅干しはハサミで細かくカットしながら入れる
2. 1をおにぎりの型につめ、形を作って取り出して完成

酸味とうまみのマリアージュ！
鶏がら梅おにぎり

食欲がないときでもサラッと食べられる！

23

夫婦で取り合い！
梅と大葉の悪魔的おにぎり

材料 (1個分)

- ご飯 …………… 90g
- 梅干し …………… 1個
- 天かす …… 大さじ2
- 塩昆布 …… 大さじ1/2
- 大葉 …………… 2枚
- めんつゆ（4倍濃縮）
  …………… 小さじ1

作り方

1 ご飯とすべての材料をボウルに入れてよく混ぜ合わせる。梅干しと大葉はハサミで細かくカットしながら入れる

2 1をおにぎりの型につめ、形を作って取り出して完成

はび夫婦のおすすめおにぎり第4位にランクイン！

材料 (1個分)

- ご飯 ……………………………… 90g
- 梅干し ……………………………… 1個
- 天かす ……………………………… 大さじ1
- 青のり ……………………………… 大さじ1/2
- めんつゆ（4倍濃縮） …………… 大さじ1/2
- 鶏がらスープの素（顆粒） ……… 小さじ1/2

作り方

1 ご飯とすべての材料をボウルに入れてよく混ぜ合わせる。梅干しはハサミで細かくカットしながら入れる

2 1をおにぎりの型につめ、形を作って取り出して完成

やみつきになるうまさ！
梅たぬきおにぎり

旦那がうまそうって作ってアピールしてきます！　作りま〜す
@ daifuku.furebull

リピート確定！
桜えびと枝豆の
カラフルおにぎり

材料（1個分）
- ご飯 …… 90g
- 枝豆 …… 10粒
- 桜えび …… 大さじ1
- 塩昆布 …… 大さじ1/2
- 白ごま …… 大さじ1/2
- 白だし …… 小さじ1/2

作り方
1. ご飯とすべての材料をボウルに入れてよく混ぜ合わせる
2. 1をおにぎりの型につめ、形を作って取り出して完成

いつも参考にして息子の朝ごはんに作っています！
@fujimaki0512

Part 1　超時短！混ぜるだけおにぎり

材料（1個分）
- ご飯 …… 90g
- 天かす …… 大さじ2
- 青のり …… 小さじ1/2
- 白ごま …… 小さじ1/2
- めんつゆ（4倍濃縮） …… 大さじ1/2
- 大葉 …… 2枚

作り方
1. ご飯とすべての材料をボウルに入れてよく混ぜ合わせる。大葉はハサミで細かくカットしながら入れる
2. 1をおにぎりの型につめ、形を作って取り出して完成

ブームになったあの味！
悪魔のおにぎり

このおにぎり美味しそうですね！
@satchan2810

うまみが最強！
桜えびと天かすおにぎり

材料 (1個分)
- ご飯 …………… 90g
- 桜えび …… 小さじ 1
- 天かす …… 大さじ 1
- 塩昆布 … 大さじ 1/2
- めんつゆ (4倍濃縮) ………… 大さじ 1

作り方
1. ご飯とすべての材料をボウルに入れてよく混ぜ合わせる
2. 1をおにぎりの型につめ、形を作って取り出して完成

絶対に失敗しない！
高菜たらこおにぎり

材料 (1個分)
- ご飯 ……………………………… 90g
- 焼きたらこ ……………………… 1/2 腹
- 高菜漬け (刻んだもの) …… 大さじ 1/2
- 白ごま …………………………… 大さじ 1/2

作り方
1. ご飯とすべての材料をボウルに入れてよく混ぜ合わせる。焼きたらこはハサミで細かくカットしながら入れる
2. 1をおにぎりの型につめ、形を作って取り出して完成

 ▶焼きたらこを焼き明太子に変更しても◎

焼きたらこにすれば夏でも安心してお弁当に入れられる！

家にある材料だけで！
青のりツナおにぎり

材料（1個分）
- ご飯 ……………… 90g
- ツナ缶 ………… 1/4 缶
- 青のり ……… 大さじ 1/2
- 白ごま ……… 大さじ 1/2
- めんつゆ（4倍濃縮）
　　　　　……… 小さじ 1/2

作り方
1. ツナは油を切る
2. ご飯とすべての材料をボウルに入れてよく混ぜ合わせる
3. 2 をおにぎりの型につめ、形を作って取り出して完成

> 絶対うまいやつ…
> 青のり余るから
> これ良い！
> @ymama8.1

Part 1　超時短！混ぜるだけおにぎり

迷ったらコレ！
海苔明太おにぎり

材料（1個分）
- ご飯 …………………………… 90g
- ★明太子 ……………………… 1/2 腹
- ★白ごま …………………… 大さじ 1/2
- ★塩 ………………………… ひとつまみ
- 韓国海苔（八つ切り） ………… 4 枚

作り方
1. ご飯と★の材料をボウルに入れてよく混ぜ合わせる
2. 韓国海苔を手で細かくちぎりながら 1 に入れてよく混ぜ合わせる
3. 2 をおにぎりの型につめ、形を作って取り出して完成

27

マシッソヨ！
韓国風おにぎり

材料 (1個分)
- ご飯 ………… 90g
- ★ コチュジャン
   ………… 大さじ 1/2
- ★ めんつゆ(4倍濃縮)
   ………… 小さじ 1/2
- ★ 白ごま … 大さじ 1/2
- ★ ごま油 … 小さじ 1/2
- ★ 塩 ……… ひとつまみ
- 韓国海苔（八つ切り）
   ………… 4枚

作り方
1. ご飯と★の材料をボウルに入れてよく混ぜ合わせる
2. 韓国海苔を手で細かくちぎりながら **1** に入れてよく混ぜ合わせる
3. **2** をおにぎりの型につめ、形を作って取り出して完成

 ▶ 辛味を抑えたい人は、コチュジャンの量を調節してください

材料 (1個分)
- ご飯 …………………………… 90g
- たらこ ………………………… 1/2 腹
- 大葉 …………………………… 2枚
- 白ごま ………………………… 大さじ 1/2

作り方
1. ご飯とすべての材料をボウルに入れてよく混ぜ合わせる。たらこと大葉はハサミで細かくカットしながら入れる
2. **1** をおにぎりの型につめ、形を作って取り出して完成

争奪戦注意！
たらこ大葉おにぎり

とってもおいしそう！！
これ作ります！
@my.izm

 ▶ たらこを明太子に変更しても◎

まじうめえ！
高菜しらすおにぎり

こりゃ、間違いねえな！！
@jun59jun

材料（1個分）

- ご飯 …………………………………… 90g
- 高菜漬け（刻んだもの） ………… 大さじ 1/2
- しらす ………………………………… 大さじ 1/2
- 白ごま ………………………………… 大さじ 1/2

作り方

1 ご飯とすべての材料をボウルに入れてよく混ぜ合わせる

2 1をおにぎりの型につめ、形を作って取り出して完成

材料（1個分）

- ご飯 …………………………………… 90g
- 塩昆布 ………………………………… 大さじ 1/2
- 天かす ………………………………… 大さじ1
- 青のり ………………………………… 大さじ 1/2
- めんつゆ（4倍濃縮） ……………… 大さじ 1/2
- ごま油 ………………………………… 小さじ 1/2

作り方

1 ご飯とすべての材料をボウルに入れてよく混ぜ合わせる

2 1をおにぎりの型につめ、形を作って取り出して完成

青のりたっぷり！
シン・悪魔のおにぎり

Part 1　超時短！混ぜるだけおにぎり

作らんと損！
梅味噌おにぎり

美味しそうー！
間違いない組み合わせ
ですね！
@yua_meshi

材料（1個分）
- ご飯 …………… 90g
- 梅干し ………… 1個
- 味噌 …… 小さじ1/2
- 大葉 …………… 2枚
- 白ごま …… 大さじ1/2

作り方
1. ご飯とすべての材料をボウルに入れてよく混ぜ合わせる。梅干しと大葉はハサミで細かくカットしながら入れる
2. 1をおにぎりの型につめ、形を作って取り出して完成

材料（1個分）
- ご飯 …………… 90g
- 天かす …… 大さじ1
- めんつゆ（4倍濃縮）
　………… 小さじ1/2
- 小ねぎ …… 大さじ1/2
- 白ごま …… 小さじ1/2

作り方
1. ご飯とすべての材料をボウルに入れてよく混ぜ合わせる
2. 1をおにぎりの型につめ、形を作って取り出して完成

食べすぎ注意！
ねぎ香る悪魔のおにぎり

ご飯が進みまくる！
鮭たぬきおにぎり

材料（1個分）

- ご飯 ……………………………………… 90g
- 鮭フレーク ……………………………… 大さじ1
- 天かす …………………………………… 大さじ1
- 白ごま …………………………………… 大さじ1/2
- 青のり …………………………………… 小さじ1/2
- めんつゆ（4倍濃縮）…………………… 小さじ1
- 塩 ………………………………………… ひとつまみ

作り方

1. ご飯とすべての材料をボウルに入れてよく混ぜ合わせる
2. 1をおにぎりの型につめ、形を作って取り出して完成

Part 1 超時短！混ぜるだけおにぎり

材料（1個分）

- ご飯 ……………………………………… 90g
- コンビーフ缶 …………………………… 大さじ1/2
- 大葉 ……………………………………… 2枚
- 白ごま …………………………………… 小さじ1/2
- 塩 ………………………………………… ひとつまみ
- 粗びき黒胡椒 …………………………… 適量

作り方

1. ご飯とすべての材料をボウルに入れてよく混ぜ合わせる。大葉はハサミで細かくカットしながら入れる
2. 1をおにぎりの型につめ、形を作って取り出して完成

 ▶コンビーフは、混ぜながらしっかりほぐしてください

この組み合わせ知らないと損！
コンビーフおにぎり

コンビーフの新しい使い方！肉のうまみがたまらん…！

31

もっと早く出会いたかった！
梅ねぎおにぎり

材料（1個分）
- ご飯 …………… 90g
- 梅干し ………… 1個
- 天かす …… 大さじ1
- めんつゆ（4倍濃縮） …… 小さじ1
- 小ねぎ …… 小さじ1
- 白ごま …… 大さじ1/2

作り方
1. ご飯とすべての材料をボウルに入れてよく混ぜ合わせる。梅干しはハサミで細かくカットしながら入れる
2. 1をおにぎりの型につめ、形を作って取り出して完成

材料（1個分）
- ご飯 …………………………… 90g
- 鮭フレーク …………………… 大さじ1
- 塩昆布 ………………………… 大さじ1/2
- かつお節 ……………………… 1g
- 白ごま ………………………… 大さじ1/2

作り方
1. ご飯とすべての材料をボウルに入れてよく混ぜ合わせる
2. 1をおにぎりの型につめ、形を作って取り出して完成

手が止まらない！
鮭塩昆布おにぎり

かつお節がさらにうまみを引き立てる！

爆速で作る！
中華風おにぎり

材料（1個分）

- ご飯 …………………………………… 90g
- かつお節 ……………………………… 1g
- 小ねぎ ………………………………… 小さじ1
- 鶏がらスープの素（顆粒）………… 小さじ1/2
- しょうゆ ……………………………… 小さじ1/2

作り方

1. ご飯とすべての材料をボウルに入れてよく混ぜ合わせる
2. 1をおにぎりの型につめ、形を作って取り出して完成

中華スープ風のやさしい味でほっこり気分

Part 1 超時短！混ぜるだけおにぎり

材料（1個分）

- ご飯 …………………………………… 90g
- 天かす ………………………………… 大さじ1
- 紅生姜 ………………………………… 大さじ1/2
- 小ねぎ ………………………………… 大さじ1/2
- 塩昆布 ………………………………… 大さじ1/2
- 白だし ………………………………… 大さじ1/2

作り方

1. 紅生姜を細かく刻む
2. ご飯とすべての材料をボウルに入れてよく混ぜ合わせる。紅生姜は最後に入れる
3. 2をおにぎりの型につめ、形を作って取り出して完成

まるで宝石箱やぁ！
紅生姜の悪魔風おにぎり

 ▶ 紅生姜は、最初に入れると脱色してしまうので全体が混ざってから最後に入れてください

バランスが最強！
桜えびと塩昆布の たぬきおにぎり

材料（1個分）

- ご飯 …………… 90g
- 桜えび … 大さじ 1/2
- 天かす … 大さじ 1/2
- 塩昆布 … 大さじ 1/2
- 大葉 ……………… 2枚
- かつお節 …………… 1g
- 白ごま … 大さじ 1/2
- ごま油 … 小さじ 1/2
- しょうゆ
  ………… 小さじ 1/2

作り方

1. ご飯とすべての材料をボウルに入れてよく混ぜ合わせる。大葉はハサミで細かくカットしながら入れる
2. 1をおにぎりの型につめ、形を作って取り出して完成

> 桜えびと天かすの香ばしさがおいしさの決め手！

材料（1個分）

- ご飯 …………………………… 90g
- 鮭フレーク ……………… 大さじ 1/2
- 小ねぎ …………………… 大さじ 1/2
- 白ごま …………………… 大さじ 1/2
- ごま油 …………………… 大さじ 1/2
- しょうゆ ………………… 小さじ 1/2

作り方

1. ご飯とすべての材料をボウルに入れてよく混ぜ合わせる
2. 1をおにぎりの型につめ、形を作って取り出して完成

パパッと作れる！
鮭ねぎおにぎり

> ごま油の香りが食欲を掻き立てる！

サッと作れる！

簡単おにぎり

イベントや行楽での大量生産におすすめ。
彩り豊かで見た目もかわいいおにぎりレシピが盛りだくさん！

部活男子に見せたら今度作ってのリクエスト入りましたー！
@ tomoko.kurokawa

夫婦で沼った！
明太クリチーおにぎり

材料（1個分）
- ご飯 ……………………………… 90g
- ★明太子 …………………………… 1/2 腹
- ★かつお節 ………………………… 1g
- クリームチーズ（個包装タイプ）…… 1個
- 明太子（トッピング用）………… 適量

 ▶クリームチーズは細かく角切りにして最後に入れ、切るように混ぜてください

作り方
1 ご飯と★の材料をボウルに入れてよく混ぜ合わせる。明太子はハサミで細かくカットしながら入れる

2 クリームチーズをハサミで細かくカットしながら1に入れてよく混ぜ合わせる

3 2をおにぎりの型につめ、形を作って取り出す

4 写真のようにトッピング用の明太子をのせて完成

ありそうでなかった！
枝豆と焼きたらこの濃厚おにぎり

材料（1個分）
- ご飯 …………………………………… 90g
- ★焼きたらこ ………………………… 1/2 腹
- ★枝豆 ………………………………… 10 粒
- クリームチーズ（個包装タイプ）………… 1 個

作り方
1. ご飯と★の材料をボウルに入れてよく混ぜ合わせる。焼きたらこはハサミで細かくカットしながら入れる
2. クリームチーズをハサミで細かくカットしながら1に入れてよく混ぜ合わせる
3. 2をおにぎりの型につめ、形を作って取り出して完成

Part 2　サッと作れる！簡単おにぎり

材料（1個分）
- ご飯 …………………………………… 90g
- 炒り卵（作り方は P13 参照）………… 大さじ 1
- すし酢 ………………………………… 小さじ 1
- 白ごま ………………………………… 大さじ 1/2

作り方
1. ご飯とすべての材料をボウルに入れてよく混ぜ合わせる
2. 1をおにぎりの型につめ、形を作って取り出して完成

すし酢香る！
炒り卵おにぎり

炒り卵を作り置きしておけばすぐに作れちゃう！

37

レモン酢飯でさっぱり！
鮭レモンおにぎり

これは新しい！
女子が好きそう！
保存してつーくろ！
@ayukomama_gohan

材料 (1個分)

- ・ご飯 ……………………………… 90g
- ★焼き鮭 …………………………… 1/2 切れ
- ★白ごま …………………………… 大さじ 1/2
- ★レモン果汁 ……………………… 適量
- ・レモン …………………………… 輪切り 1 枚

作り方

1 焼き鮭は骨と皮を取ってほぐす

2 ご飯と★の材料をボウルに入れてよく混ぜ合わせる

3 輪切りにしたレモンの皮部分をハサミで切り取って、おにぎりの型に入れる

4 2 を 3 につめ、形を作って取り出して完成

▶焼き鮭は、鮭フレークで作っても OK です
▶レモン果汁は、レモンの端っこを切って搾ったものを使用するとレモンを無駄なく使えて◎

食感が楽しい神アイテム！
カリカリ梅おにぎり

材料（1個分）
- ご飯 ……………………………………… 80g
- セブン-イレブンの「種抜きカリカリ梅」… 3粒
- 白ごま …………………………………… 大さじ1/2
- 塩 ………………………………………… ひとつまみ
- 韓国海苔（八つ切り） …………………… 2枚

作り方
1 カリカリ梅を軽くつぶして、ハサミで細かく刻む

2 ご飯と**1**、白ごま、塩をボウルに入れてよく混ぜ合わせる

3 韓国海苔を手でちぎりながら**2**に入れてよく混ぜ合わせる

4 **3**をおにぎりの型につめ、形を作って取り出して完成

材料（1個分）
- ご飯 ……………………………………… 90g
- ★ミックスナッツ ………………………… 10粒程度
- ★バジル（粉末） ………………………… 10振程度
- ★塩 ……………………………………… ひとつまみ
- クリームチーズ（個包装タイプ） ……… 1個

作り方
1 ミックスナッツをポリ袋に入れて、めん棒などで細かく砕く

2 ご飯と★の材料をボウルに入れてよく混ぜ合わせる

3 クリームチーズをハサミで細かくカットしながら**2**に入れてよく混ぜ合わせる

4 **3**をおにぎりの型につめ、形を作って取り出して完成

 ▶ 1種類のナッツではなく、ミックスナッツにすることでいろいろな食感を楽しむことができます

バジル香る！
クリチーナッツおにぎり

おにぎりにナッツを入れるなんて新感覚！超おいしかった！

Part 2 サッと作れる！簡単おにぎり

カリカリ梅と大葉としらすの
彩り3色おにぎり

しらすの
フワフワと
カリカリ梅の
食感が絶妙！

材料（1個分）

- ・ご飯 …………………………………… 90g
- ・カリカリ梅 …………………………… 3粒
- ★大葉 …………………………………… 2枚
- ★しらす ……………………………… 大さじ1/2
- ・韓国海苔（八つ切り） ……………… 2枚

作り方

1 カリカリ梅を軽くつぶして、ハサミで細かく刻む

2 ご飯と1、★の材料をボウルに入れてよく混ぜ合わせる。大葉はハサミで細かくカットしながら入れる

3 韓国海苔を手でちぎりながら2に入れてよく混ぜ合わせる

4 3をおにぎりの型につめ、形を作って取り出して完成

▶ 1で種を取るときは、梅の縦のラインを押すと取りやすいです
▶ 韓国海苔は、パリパリ感を残すために最後に入れてください

反則級！
韓国スープ風おにぎり

一度食べたら
クセになる！
これはうまい！

材料（1個分）

- ご飯 ……………………………………… 90g
- ★鶏がらスープの素（顆粒）………… 小さじ1/2
- ★小ねぎ ……………………………… 小さじ1
- ★白ごま ……………………………… 大さじ1/2
- ★しょうゆ …………………………… 小さじ1/2
- ★ごま油 ……………………………… 小さじ1/2
- 韓国海苔（八つ切り）…………………… 4枚

作り方

1 ご飯と★の材料をボウルに入れてよく混ぜ合わせる

2 韓国海苔を手で細かくちぎりながら**1**に入れてよく混ぜ合わせる

3 **2**をおにぎりの型につめ、形を作って取り出して完成

Part 2 サッと作れる！簡単おにぎり

材料（1個分）

- ご飯 ……………………………………… 90g
- ★梅干し ……………………………………… 1個
- ★塩昆布 ……………………………… 大さじ1/2
- ★白ごま ……………………………… 小さじ1/2
- とろろ昆布 ………………………………… 適量

作り方

1 ご飯と★の材料をボウルに入れてよく混ぜ合わせる。梅干しはハサミで細かくカットしながら入れる

2 **1**をおにぎりの型につめ、形を作って取り出す

3 **2**の全体にとろろ昆布をまぶしつけて完成

 ▶できるだけ早めに食べたほうが、ふわふわ感を楽しめます

ふわふわ食感がたまらない！
ダブル昆布おにぎり

昆布が大好きで
ダブルで最高です！

@hidemi.085

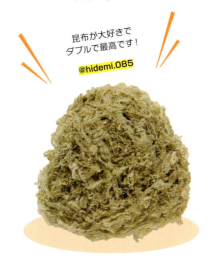

41

全人類に食べてほしい！
チーズ明太焼きおにぎり

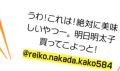

うわ！これは！絶対に美味しいやつー。明日明太子買ってこよっと！
@reiko.nakada.kako584

材料 (1個分)

- ・ご飯 …………… 90g
- ★明太子 ……… 1/2 腹
- ★大葉
  …… 2枚（お好みで）
- ★ピザ用チーズ
  ……………… 大さじ2
- ★白ごま … 大さじ1/2
- ・ごま油 ………… 適量

作り方

1 ご飯と★の材料をボウルに入れてよく混ぜ合わせる。明太子と大葉はハサミで細かくカットしながら入れる

2 1をおにぎりの型につめ、形を作って取り出す

3 ごま油をひいたフライパンで両面がカリッとなるまで焼いて完成

 ピザ用チーズを多めに入れたほうが崩れにくくなります

材料 (1個分)

- ・ご飯 ……………………………… 80g
- ・ブロッコリー ……………………… 15g
- ・鮭フレーク ………………… 大さじ1/2
- ・ごま油 ……………………… 小さじ1/2
- ・白ごま ……………………… 小さじ1/2
- ・塩 …………………………… ひとつまみ

作り方

1 ブロッコリーを下茹でし、水気を取る

2 ご飯とすべての材料をボウルに入れてよく混ぜ合わせる。ブロッコリーはハサミで細かくカットしながら入れる

3 2をおにぎりの型につめ、形を作って取り出して完成

 冷凍ブロッコリーを解凍したものや蒸したブロッコリーでもOKです

鮭とブロッコリーの
栄養たっぷりおにぎり

ほっこりやさしい！
だし巻き卵風おにぎり

材料（1個分）
- ご飯 ……………………………………… 90g
- 炒り卵（作り方はP13参照）……… 大さじ1
- かつお節 ……………………………… 1.5g
- めんつゆ（4倍濃縮）………………… 大さじ1/2
- 和風だしの素（顆粒）………………… 小さじ1/2

作り方
1. ご飯とすべての材料をボウルに入れてよく混ぜ合わせる
2. 1をおにぎりの型につめ、形を作って取り出して完成

Part 2 サッと作れる！簡単おにぎり

材料（1個分）
- ご飯 ……………………………………… 90g
- ツナ缶 ………………………………… 1/4缶
- 梅干し ………………………………… 1個

作り方
1. ツナは油を切る
2. ボウルに1を入れ、梅干しをハサミで細かくカットしながら加えてよく混ぜ合わせる。このとき、トッピング用に少し取り分けておく
3. おにぎりの型にご飯を半量つめ、2を入れる
4. 3に残りのご飯をつめておにぎりの形にし、写真のように2で取り分けた分をトッピングして完成

材料は3つだけ！
さっぱり梅ツナおにぎり

これは
すぐ作れるーー！！
やります！
@ nyuuko-diet

チーズ好きに贈る！
鮭チーズの大葉巻きおにぎり

少量で作れるのがいいなあ……おいしそう。
@280823kuro

材料 (1個分)

- ご飯 …………… 90g
- ★すし酢 … 大さじ1/2
- ★鮭フレーク …………… 大さじ1
- ★白ごま … 大さじ1/2
- ★ベビーチーズ … 1個
- ・大葉 …… 1枚（お好みで）

作り方

1. ご飯と★の材料をボウルに入れてよく混ぜ合わせる。ベビーチーズはハサミで細かくカットしながら入れる
2. 1をおにぎりの型につめ、形を作って取り出す
3. お好みで大葉を巻いて完成

 ▶大葉が貼り付かないときは、温かいご飯粒を使ってつけるとしっかり留まります

材料 (1個分)

- ご飯 …………………………… 90g
- 味噌 …………………………… 大さじ1/2
- 梅干し ………………………… 1/2個
- みりん ………………………… 大さじ1/2

作り方

1. ボウルに梅干しをハサミで細かくカットしながら入れ、味噌とみりんを加えて混ぜ合わせる
2. おにぎりの形にしたご飯を置いて1を塗り、オーブントースターで5分程度に焼いて完成

天才すぎるおいしさ！
梅味噌焼きおにぎり

 ▶オーブントースターで焼くときは、おにぎりの下にクッキングシートを敷くとくっつかなくなります

禁断の背徳感！
チーズ明太バターおにぎり

材料（1個分）

- ご飯 ………… 90g
- ★とろけるスライスチーズ ………… 1/2 枚
- ★大葉 ………… 2 枚
- ★明太子 ………… 1/2 腹
- ★塩 ………… ひとつまみ
- バター ………… 5g
- しょうゆ ………… 適量

作り方

1. ご飯と★の材料をボウルに入れてよく混ぜ合わせる。スライスチーズは手で細かくちぎって入れ、大葉と明太子はハサミで細かくカットしながら加える
2. 1をおにぎりの型につめ、形を作って取り出す
3. 2の上にバターをのせて、オーブントースターで1分程度焼く
4. 3にしょうゆを数滴垂らして完成

POINT ▶ チーズは、とろけるタイプがおすすめ！

材料（1個分）

- ご飯 ………… 90g
- 乾燥わかめ ………… 2g
- 明太子 ………… 1/2 腹
- めんつゆ（4倍濃縮）………… 大さじ 1/2
- ごま油 ………… 小さじ 1/2

作り方

1. 乾燥わかめは、指で砕いてから水で戻し水気を取る
2. ご飯とすべての材料をボウルに入れてよく混ぜ合わせる。明太子はハサミで細かくカットしながら入れる
3. 2をおにぎりの型につめ、形を作って取り出して完成

ピリッとおいしい！
わかめ明太子おにぎり

ありそうでなかった！はぴ家の定番おにぎりに決定！

Part 2 サッと作れる！簡単おにぎり

絶品！何度でも食べたい
大葉たらこチーズおにぎり

材料 (1 個分)

- ご飯 ……………… 90g
- ★たらこ ……… 1/2 腹
- ★大葉 …………… 2 枚
- ★めんつゆ ……… 大さじ1/2
- ★ごま油 ………… 小さじ1/2
- ベビーチーズ … 1 個

作り方

1. ご飯と★の材料をボウルに入れてよく混ぜ合わせる。大葉はハサミで細かくカットしながら加える
2. ベビーチーズをハサミで細かくカットして **1** に入れ、よく混ぜ合わせる
3. **2** をおにぎりの型につめ、形を作って取り出して完成

材料 (1 個分)

- ご飯 …………………………………… 90g
- ★ごま油 ……………………………… 小さじ 1/2
- ★みりん ……………………………… 小さじ 1/2
- ★しょうゆ …………………………… 大さじ 1/2
- ★にんにくチューブ ……… 1cm 程度 (お好みで)
- ★白ごま ……………………………… 小さじ 1/2
- 大葉 …………………………………… 5 枚

作り方

1. ボウルに★の材料を入れてよく混ぜ合わせる
2. お皿やトレーの上に **1**、大葉 1 枚の順ですべて重ねて、5 分間漬けておく
3. **2** の大葉 1 枚をおにぎりの形にしたご飯にのせて完成

 ▶余ったたれは、ご飯やチャーハンにかけて食べるのがおすすめ！

どハマりまちがいなし！
大葉にんにくしょうゆおにぎり

大葉100枚が昨日の晩ご飯でなくなりました！今朝また追加で作りました！
@asatomo721

コンビニを超えた！
究極の
ツナマヨおにぎり

めちゃくちゃ美味しくて食べ過ぎました！！また作ります！
@yuka5529

材料（1個分）
- ご飯 …………… 90g
- めんつゆ（4倍濃縮） …………… 小さじ1
- ★ツナ缶 ……… 1/4缶
- ★マヨネーズ …………… 小さじ1
- ★しょうゆ …… 適量

作り方
1. ツナは油を切り、★の材料を混ぜ合わせる
2. ご飯とめんつゆをボウルに入れてよく混ぜ合わせる
3. 2をおにぎりの型につめ、形を作って取り出す
4. 3の上に1をトッピングして完成

▶ 型につめるときは、やや強めに蓋を押すと形がきれいに仕上がります

Part 2　サッと作れる！簡単おにぎり

タイパ抜群！
にんじん塩昆布
おにぎり

材料（1個分）
- ご飯 …………………………… 90g
- にんじん ……………………… 20g
- 塩昆布 ………………………… 大さじ1/2
- ツナ缶 ………………………… 1/4缶
- 白だし ………………………… 小さじ1/2
- 塩 ……………………………… ひとつまみ

作り方
1. 人参は、スライサーでカットしてから耐熱容器に入れ、白だしを加えてラップをかけて電子レンジで30秒温める
2. ツナは油を切る
3. ご飯とすべての材料をボウルに入れてよく混ぜ合わせる
4. 3をおにぎりの型につめ、形を作って取り出して完成

47

紅生姜でさっぱり！
お稲荷おにぎり

お稲荷さんの皮と紅生姜がめっちゃ合う！

材料 (1個分)

- ご飯 ……………… 90g
- ★味付いなり …… 1枚
- ★白ごま … 大さじ 1/2
- ★塩 …… ひとつまみ
- 紅生姜 …… 大さじ 1

作り方

1. 味付いなりはハサミで細かく刻む
2. ご飯と★の材料をボウルに入れてよく混ぜ合わせる
3. 紅生姜を 2 に入れてよく混ぜ合わせる
4. 3 をおにぎりの型につめ、形を作って取り出して完成

 ▶紅生姜は、最初に入れると脱色してしまうので全体が混ざってから最後に入れましょう

意外と知らない！
たくあんおかかおにぎり

材料 (1個分)

- ご飯 ……………………………… 90g
- たくあん（薄切り）……………… 2枚
- 大葉 ……………………………… 2枚
- かつお節 ………………………… 1g
- 白ごま ……………………… 大さじ 1/2
- 白だし ……………………… 小さじ 1

作り方

1. たくあんは細切りにする
2. ご飯とすべての材料をボウルに入れてよく混ぜ合わせる。大葉はハサミで細かくカットしながら入れる
3. 2 をおにぎりの型につめ、形を作って取り出して完成

わさびがアクセント！
ねぎツナマヨおにぎり

材料（1個分）
- ご飯 …………… 90g
- ツナ缶 ………… 1/4 缶
- マヨネーズ
   ………… 小さじ 1
- チューブわさび
   ………………… 3cm
- 小ねぎ …… 小さじ 1
- 白ごま …… 大さじ 1/2

作り方
1. ツナは油を切り、マヨネーズと混ぜてツナマヨを作る
2. ご飯とすべての材料をボウルに入れてよく混ぜ合わせる
3. 2をおにぎりの型につめ、形を作って取り出して完成

材料（1個分）
- ご飯 ……………………………………… 90g
- 炒り卵（作り方は P13 参照）………… 大さじ 1
- 天かす ………………………………… 大さじ 1
- めんつゆ（4 倍濃縮）………………… 大さじ 1/2

作り方
1. ご飯とすべての材料をボウルに入れてよく混ぜ合わせる
2. 1をおにぎりの型につめ、形を作って取り出して完成

炒り卵と天かすの相性バッチリ！
ふわサクおにぎり

> ふわふわの食感と天かすのサクサク感がたまらない！

Part 2 サッと作れる！簡単おにぎり

サバと昆布と卵の
ふわふわおにぎり

材料（1個分）
- ご飯 …………………………………… 90g
- 炒り卵（作り方はP13参照）………… 大さじ1
- 無印良品の「素材を生かしたふりかけさばと昆布」………………………………… 大さじ1/2

作り方
1. ご飯とすべての材料をボウルに入れてよく混ぜ合わせる
2. 1をおにぎりの型につめ、形を作って取り出して完成

材料（1個分）
- ご飯 ………… 90g
- 人参 ………… 2〜3cm
- みりん ……… 小さじ1
- 味付いなり …… 1枚
- 白ごま ……… 大さじ1/2
- しょうゆ …… 小さじ1

作り方
1. 人参は、スライサーでカットして耐熱容器に入れ、みりんを入れる。ラップをかけて電子レンジで1分温める
2. 味付いなりはハサミで細かく刻んでおく
3. ご飯とすべての材料をボウルに入れてよく混ぜ合わせる
4. 3をおにぎりの型につめ、形を作って取り出して完成

 ▶ 人参と味付いなりを同じくらいの細さに切ることで、見栄えが良くなる

超時短♥
つつまないお稲荷さん

包まないから忙しい朝でもすぐ作れる！

濃厚な味わいに絶対ハマる！
味噌たくチーズおにぎり

これは絶対食べてほしい！味噌×たくあんはずるい！

材料（1個分）
- ご飯 ………………………………… 90g
- たくあん（薄切り）………………… 2枚
- 大葉 ………………………………… 2枚
- ベビーチーズ ……………………… 1個
- 白ごま …………………………… 大さじ1/2
- 味噌 ……………………………… 小さじ1

作り方
1 たくあんは、細切りにする

2 ご飯とすべての材料をボウルに入れてよく混ぜ合わせる。大葉とベビーチーズはハサミで細かくカットしながら入れる

3 2をおにぎりの型につめ、形を作って取り出して完成

Part 2 サッと作れる！簡単おにぎり

材料（1個分）
- ご飯 ………………………………… 90g
- 炒り卵（作り方はP13参照）……… 大さじ1
- 大葉 ………………………………… 2枚
- ベビーチーズ ……………………… 1個
- かつお節 …………………………… 1g
- しょうゆ ………………………… 小さじ1/2

作り方
1 ご飯とすべての材料をボウルに入れてよく混ぜ合わせる。大葉とベビーチーズはハサミで細かくカットしながら入れる

2 1をおにぎりの型につめ、形を作って取り出して完成

チーズがアクセント！
大葉たまごチーズおにぎり

51

おにぎり作りがもっとラクになる！
はぴ夫婦のおすすめ便利グッズ

おにぎりの型

おにぎり作りに欠かせない神アイテム！ 失敗せず簡単におにぎりを作れます。見た目も均等に作れて、手も汚れないので時短も叶うすぐれもの！ 100円ショップで揃えられます。なかでもセリアの型がイチオシです。

保存容器

はぴ夫婦イチオシは「iwaki」の保存容器。電子レンジ・オーブン・食洗機・冷凍にも対応しています。積み重ねて収納できるので冷蔵庫の中もスッキリ！ 作り置きの具材を保存するときの必須アイテムです。

しゃもじ

ごはん粒がくっつきにくいものを使うと、おにぎり作りが格段にやりやすくなります。はぴ夫婦の一番のこだわりは、ごはんをすくう部分のくぼみが深いものを使うこと！

キッチンバサミ

まな板と包丁を使わずに簡単に食材をカットすることができます。おにぎり作りが確実に早く、ラクになります。軽い力でサクサク切れるものがおすすめ！

スライサー

包丁でやるとちょっとめんどくさい千切りを簡単に均一な仕上がりで作ることができます。見栄えもよくて時短にもなるので、ぜひ使ってほしい便利アイテムです。

Part 3

見た目も味もまるで専門店!

握らない おにぎり

握らずに海苔でふんわり包むだけ!
誰でも簡単にお店で売っているような
おにぎりが作れるレシピを紹介します。

> 専門店みたいなふんわり食感が家でも作れる！

握らないおにぎりの作り方

PART 3の「握らないおにぎり」では、このページで紹介する海苔の包み方をベースに作ります。海苔で包むという工程は、このページを参照してください。

材料 (1個分)

- ご飯 ・・・・・・・・・・・・・・・・・・・・・・・・・ 90g
- お好みの具 ・・・・・・・・・・・・・・・・・・ 適量
- 焼き海苔（全形）・・・・・・・・・・・・ 1/2 枚

今回の具は… すじこ！

意外と知られていないすじこのしょうゆ漬けはごはんの最強のおとも！　認知度に地域差があるようですが、新潟ではスーパーなどでよく見かけますよ。

作り方

1 ご飯を90gに量ってボウルに入れておく。すじこはハサミで一口大に切っておく

2 焼き海苔を写真のようになめに折る

 POINT 焼き海苔は正方形ではないので、ズレが生じます。

3 **2**でつけた折り目に沿って、焼き海苔を半分にカットする

4 **1**で量ったご飯を2/3と1/3くらいの量に分けておく

5 **3**でカットした焼き海苔を逆三角形の向きに置き、**4**で2/3に分けたほうのご飯をのせる

6 **5**の上に、すじこを適量のせる

 POINT あまり多すぎない方が包みやすい

7 6のすじこの上に、残りのご飯をのせる

8 焼き海苔の下の三角部分を上に向かって折る

9 8で折った部分を押さえながら、右側の海苔を左下に向かって折りたたむ

10 左側の海苔も**9**と同様に折りたたみ、巻き終わりにご飯粒をつける

11 **10**でつけたごはん粒で海苔を貼り付けるように、軽く押さえる

12 おにぎりを起こし、すじこを適量トッピングする

> **POINT** このとき、おにぎりの上部分を少しくぼませておくと具材をのせやすくなる

Part 3 見た目も味もまるで専門店！ 握らないおにぎり

できあがり！
作りたてのふわふわをどうぞ

55

お店のおにぎりみたい！
美味しそう！！
@hiromitopun

味も見た目も専門店！
高菜明太子のおにぎり

500万回再生！

材料（1個分）

- ご飯 …………………………… 90g
- 高菜漬け（刻んだもの）……… 小さじ2
- 明太子 ………………………… 1腹
- 焼き海苔（全形）……………… 1/2枚

作り方

1. 焼き海苔を三角形になるよう半分に切る
2. 1の上にご飯→高菜と明太子（各適量）→ご飯の順番でのせ、海苔で包む
3. おにぎりの頂点に残りの高菜と明太子をトッピングして完成

お口の中にプチ贅沢を！
甘辛牛肉のおにぎり

これ絶対美味しいやつですね！
@cute.meru521

材料（1個分）

- ご飯 …… 90g
- 焼き海苔（全形）…… 1/2枚

〈牛肉の甘辛炒め〉
- 牛こま切れ肉 …… 100g
- 生姜チューブ …… 0.5cm
- ★酒 …… 大さじ1/2
- ★みりん …… 大さじ1/2
- ★砂糖 …… 小さじ1
- ★しょうゆ …… 大さじ1
- ★白ごま …… 大さじ1/2
- サラダ油 …… 適量

作り方

1. フライパンに油をひいて牛肉、生姜を入れて炒める
2. 1に火が通ったら★の材料を入れ、汁気がなくなるまで炒め、粗熱を取る
3. 焼き海苔を三角形になるよう半分に切る
4. 3の上にご飯→2（適量）→ご飯の順番でのせ、海苔で包む
5. おにぎりの頂点に2（適量）をトッピングして完成

材料（1個分）

- ご飯 …… 90g
- ツナ缶 …… 1/4缶
- クリームチーズ（個包装タイプ）…… 1個
- 焼き海苔（全形）…… 1/2枚

作り方

1. 焼き海苔を三角形になるよう半分に切る
2. 油を切ったツナとクリームチーズをボウルに入れてよく混ぜ合わせる
3. 1の上にご飯→2（適量）→ご飯の順番でのせ、海苔で包む
4. おにぎりの頂点に残りの2をトッピングして完成

迷ったらコレ！
ツナクリチーおにぎり

Part 3　見た目も味もまるで専門店！握らないおにぎり

絶対におかわりしたくなる！
自家製なめ茸おにぎり

もー簡単すぎですね！
見てるだけで
おいしそうです〜！
@ misa.f.k

材料 (1個分)

- ご飯 ……………………………… 90g
- 焼き海苔（全形）……………… 1/2 枚

〈自家製なめ茸〉
- えのき茸 ………………………… 100g
- ★しょうゆ ……………………… 大さじ 1
- ★酒 ……………………………… 大さじ 1
- ★みりん ………………………… 小さじ 1/2
- ★酢 ……………………………… 小さじ 1/2
- ★砂糖 …………………………… 小さじ 1/2

作り方

1 えのきは石づきを切り落として長さを 3 等分に切る

2 フライパンに **1** と ★ の材料を入れ、汁気がなくなるまで炒めて、なめ茸を作る

3 焼き海苔を三角形になるよう半分に切る

4 **3** の上にご飯→**2**（適量）→ご飯の順番でのせ、海苔で包む

5 おにぎりの頂点になめ茸（適量）をトッピングして完成

食べなきゃ後悔する！
明太バターおにぎり

材料（1個分）
- ご飯 ………………………………… 90g
- 明太子 …………………………… 1/2 腹
- バター …………………………… 2.5g
- 焼き海苔（全形） ……………… 1/2 枚
- 小ねぎ …………………………… 適量

作り方
1. 焼き海苔を三角形になるよう半分に切る
2. ご飯と明太子半量、バターをボウルに入れてよく混ぜ合わせる
3. 1の上にご2をのせ、海苔で包む
4. おにぎりの頂点に残りの明太子と小ねぎをトッピングして完成

材料（1個分）
- ご飯 ………………………………… 90g
- ごま昆布 ………………………… 適量
- クリームチーズ（個包装タイプ） … 1個
- 焼き海苔（全形） ……………… 1/2 枚

作り方
1. クリームチーズを4等分にカットする
2. 焼き海苔を三角形になるよう半分に切る
3. 2の上にご飯→ごま昆布とクリームチーズ2切れ→ご飯の順番でのせ、海苔で包む
4. おにぎりの頂点にごま昆布とクリームチーズ2切れをトッピングして完成

クセになる！
昆布クリチーおにぎり

この作り方でやってみたい！
昆布とクリームチーズって
合うんですね！
@ aoi.toco

かぶりつけ！
ニラだれ卵黄のおにぎり

毎朝息子に作るレパートリーが
少なくなってきたから
参考にします
@kazu_san_love

材料（1個分）
- ご飯 …………………………………… 90g
- KALDIの「旨辛ニラだれ」 ………… 小さじ1
- 卵黄のしょうゆ漬け（作り方はP12参照）
  …………………………………………… 2個
- 焼き海苔（全形） ……………………… 1/2枚

作り方
1 焼き海苔を三角形になるよう半分に切る

2 1の上にご飯→ニラだれ（適量）と卵黄のしょうゆ漬け1個→ご飯の順番でのせ、海苔で包む

3 おにぎりの頂点に残りのニラだれと卵黄のしょうゆ漬け1個をトッピングして完成

 ▶ おにぎりの頂点にくぼみを作ると、卵黄のしょうゆ漬けが落ちにくくなります

材料（1個分）
- ご飯 …………………………………… 90g
- サーモン（柵） ……………………… 1/2切れ
- マヨネーズ …………………………… 大さじ1
- しょうゆ …………………………… 小さじ1/2
- 焼き海苔（全形） ……………………… 1/2枚

作り方
1 焼き海苔を三角形になるよう半分に切る

2 1cm角に切ったサーモンとマヨネーズ、しょうゆをボウルに入れてよく混ぜ合わせる

3 1の上にご飯→**2**（適量）→ご飯の順番でのせ、海苔で包む

4 おにぎりの頂点に残りの**2**をトッピングして完成

これハマる！
サーモンマヨおにぎり

サニーレタスでうまさ倍増！
ツナマヨチーズおにぎり

材料 (1個分)

- ご飯 …… 90g
- ★ツナ缶 …… 1/4缶
- ★マヨネーズ …… 大さじ1/2
- ★しょうゆ …… 小さじ1/2
- サニーレタス …… 適量
- スライスチーズ …… 1/2枚
- 焼き海苔（全形）…… 1/2枚

作り方

1. ツナは油を切る
2. ボウルに★の材料を入れてよく混ぜ合わせる
3. 焼き海苔を三角形になるよう半分に切る
4. 3の上にご飯→サニーレタス→2（適量）→スライスチーズ（三角形に折る）→ご飯の順番でのせ、海苔で包む
5. おにぎりの頂点に残りの2をトッピングして完成

材料 (1個分)

- ご飯 …… 90g
- 高菜漬け（刻んだもの）…… 好きなだけ
- クリームチーズ（個包装タイプ）…… 1個
- 焼き海苔（全形）…… 1/2枚

作り方

1. 焼き海苔を三角形になるよう半分に切る
2. クリームチーズは4等分にカットする
3. 1の上にご飯→高菜（適量）とクリームチーズ2切れ→ご飯の順番でのせ、海苔で包む
4. おにぎりの頂点に高菜（適量）とクリームチーズ2切れをトッピングして完成

混ぜるな危険！
高菜クリチーおにぎり

やばーい!!
チーズ好きです
やってみよ！
@ ami9_03toko_toko

肉のうまみ最強！
コンビーフマヨおにぎり

材料 (1個分)
- ご飯 ……………………………… 90g
- コンビーフ缶 …………………… 1/4 缶
- マヨネーズ ……………………… 小さじ1
- 焼き海苔（全形） ……………… 1/2 枚
- 小ねぎ …………………………… 適量

作り方
1. 焼き海苔を三角形になるよう半分に切る
2. コンビーフとマヨネーズをボウルに入れてよく混ぜ合わせる
3. **1** の上にご飯→**2**（適量）→ご飯の順番でのせ、海苔で包む
4. おにぎりの頂点に残りの **2** と子ねぎをトッピングして完成

材料 (1個分)
- ご飯 ……………………………… 90g
- 卵黄のしょうゆ漬け（作り方は P12 参照） 2個
- 焼き海苔（全形） ……………… 1/2 枚

<鶏そぼろ>
- サラダ油 ……… 適量　・酒 ……… 大さじ1
- 鶏もものひき肉 … 100g　・みりん … 大さじ1
- 塩 ……… ひとつまみ　・しょうゆ … 大さじ1

作り方
1. フライパンにサラダ油をひき、鶏もものひき肉と塩を入れて炒める
2. **1** に酒、みりんを入れて炒め、火が通ってきたらしょうゆを入れて弱火で煮詰める
3. 焼き海苔を三角形になるように半分に切る
4. **1** の上にご飯→鶏そぼろ（適量）→卵黄のしょうゆ漬け1個→ご飯の順番でのせ、海苔で包む
5. おにぎりの頂点に卵黄のしょうゆ漬けを1個トッピングして完成

まるで専門店の味！
卵黄のしょうゆ漬けおにぎり

珍しく18歳長男と15歳次男からこれ食べたいと送られてきたリール。
@tsu_na726

革命起きた！
揚げない天むす

天ぷら面倒なのでこちらのレシピにお世話になります！
@ haku_noie

材料 (1個分)
- ご飯 …………… 90g
- ★冷凍むきえび‥中サイズ 5 尾程度
- ★天かす …… 大さじ 1
- ★青のり …… 小さじ 1/2
- ★白ごま … 大さじ 1/2
- ★めんつゆ(4 倍濃縮) ………… 大さじ 1/2
- ・焼き海苔 (全形) ………… 1/2 枚

作り方
1. 冷凍えびをボウルに入れ、熱湯をかけて 2 分放置する
2. 解凍したら半分に切って水気を取る
3. ご飯と★の材料をボウルに入れてよく混ぜ合わせる
4. 焼き海苔を三角形になるよう半分に切る
5. 4 の上にご飯をのせ、海苔で包んで完成

▶ えびは背わたを取ってあるものがそのまま使えておすすめです

材料 (1個分)
- ご飯 …………………………………… 90g
- 野沢菜漬け (刻んだもの) ………… 大さじ 1
- たらこ ……………………………… 1/2 腹
- 焼き海苔 (全形) ………………… 1/2 枚

作り方
1. 焼き海苔を三角形になるよう半分に切る
2. 1 の上にご飯→野沢菜とたらこ (各適量) →ご飯の順番でのせ、海苔で包む
3. おにぎりの頂点に残りの具材をトッピングして完成

今すぐ作って！
野沢菜たらこおにぎり

Part 3 見た目も味もまるで専門店！握らないおにぎり

毎日でも食べたい！
高菜明太マヨおにぎり

身近な冷蔵庫の余り物で、握らないおにぎりに凄い！！
@terurin60

材料（1個分）
・ご飯 ………… 90g
・明太子 ……… 1/2 腹
・マヨネーズ
　　　　……… 小さじ1
・高菜漬け（刻んだもの）……… 小さじ1
・焼き海苔（全形）
　　　　……… 1/2 枚

作り方
1 焼き海苔を三角形になるように半分に切る
2 明太子とマヨネーズをボウルに入れてよく混ぜ合わせる
3 **1**の上にご飯→高菜（適量）→**2**（適量）→ご飯の順番でのせ、海苔で包む
4 おにぎりの頂点に残りの**2**と高菜をトッピングして完成

材料（1個分）
・ご飯 ……… 90g　・焼き海苔（全形）…… 1/2 枚
〈キーマカレー〉
・豚ひき肉 ……… 100g
・玉ねぎ ……… 1/4 個
・にんじん ……… 1/2 本
★カレーのルー
　　　　……… 1/2 片
★水 ……… 大さじ3
★しょうゆ … 大さじ1.5
・塩 ……… 少々
・胡椒 ……… 少々
・サラダ油 ……… 適量

子どもが爆食いした！
キーマカレーおにぎり

はび家の大人気おにぎり！おかわりの声が止まらない！

作り方
1 フライパンにサラダ油をひき、みじん切りにした玉ねぎ、にんじんを炒める
2 **1**にひき肉を入れて色が変わったら★の材料を加える。塩、胡椒で味をととのえ、汁気がなくなるまで炒める
3 焼き海苔を三角形になるよう半分に切る
4 **3**の上にご飯→**2**（適量）→ご飯の順番でのせ、海苔で包む
5 おにぎりの頂点に**2**（適量）をトッピングして完成

はぴ家で大人気！
明太子とクリチーのおにぎり

材料（1個分）
- ご飯 ………………………………… 90g
- 明太子 ……………………………… 1/2腹
- クリームチーズ（個包装タイプ）……… 1個
- 焼き海苔（全形）…………………… 1/2枚

作り方
1. 焼き海苔を三角形になるよう半分に切る
2. クリームチーズを4等分にカットする
3. 2の上にご飯→明太子(適量)とクリームチーズ2切れ→ご飯の順番でのせ、海苔で包む
4. おにぎりの頂点に残りの明太子とクリームチーズ2切れをトッピングして完成

まちがいない おいしさ！ 一度食べたら絶対沼る！

Part 3 見た目も味もまるで専門店！ 握らないおにぎり

材料（1個分）
- ご飯 ………………………………… 90g
- 大葉味噌（作り方はP13参照）……… 適量
- 焼き海苔（全形）…………………… 1/2枚

作り方
1. 焼き海苔を三角形になるよう半分に切る
2. 1の上にご飯→大葉味噌→ご飯の順番でのせ、海苔で包む
3. おにぎりの頂点に大葉味噌をトッピングして完成

絶対一度は食べてみて！
大葉味噌おにぎり

午前中に大葉味噌を作ってお昼に食べましたが箸が止まらなくて大変でした
@asatomo721

▶ 味が濃いので、のせすぎに注意！

65

何個でも食べられる！
和風ツナマヨおにぎり

Buzz Onigiri 300万回再生！

何で気がつかなかったんだろう！目から鱗‼
@tarotarogaogao55

材料（1個分）
- ご飯 ……………………………………… 90g
- ★ツナ缶 ………………………………… 1/4 缶
- ★マヨネーズ …………………………… 大さじ 1/2
- ★しょうゆ ……………………………… 小さじ 1/2
- 焼き海苔（全形） ……………………… 1/2 枚
- 小ねぎ …………………………………… 適量

作り方
1. 焼き海苔を三角形になるよう半分に切る
2. ★の材料をボウルに入れてよく混ぜ合わせる
3. **1** の上にご飯→**2**（適量）→ご飯の順番でのせ、海苔で包む
4. おにぎりの頂点に残りの **2** と小ねぎをトッピングして完成

材料（1個分）
- ご飯 ……… 90g
- 焼き海苔（全形）…… 1/2 枚

〈紅生姜そぼろ〉
- 合いびき肉 ……… 150g
- ★酒 ………… 大さじ 1
- ごま油 …… 大さじ 1/2
- ★みりん …… 小さじ 1
- ★しょうゆ …… 大さじ 1
- 紅生姜 ……… 20g
- ★砂糖 ……… 小さじ 1

作り方
1. ★の材料を混ぜ合わせる
2. ごま油をひいたフライパンで合いびき肉を炒め、**1** を入れて味をつける
3. **2** に紅生姜を混ぜて、粗熱を取る
4. 焼き海苔を三角形になるよう半分に切る
5. **4** の上にご飯→**3**（適量）→ご飯の順番でのせ、海苔で包む
6. おにぎりの頂点に **3**（適量）をトッピングして完成

紅生姜がアクセント！
ガッツリそぼろおにぎり

たまらない背徳感……！
たらこバターしょうゆおにぎり

材料(1個分)
- ご飯 …………… 90g
- バター ………… 2.5g
- しょうゆ ………… 小さじ1/2
- 白ごま …… 小さじ1/2
- たらこ ………… 1/2腹
- 焼き海苔（全形）………………… 1/2枚
- 小ねぎ ………… 適量

作り方
1. 焼き海苔を三角形になるよう半分に切る
2. ご飯とバター、しょうゆ、白ごまをボウルに入れてよく混ぜ合わせる
3. 2の上に1→たらこ(半量)→1の順番でのせ、海苔で包む
4. おにぎりの頂点に残りのたらことねぎをトッピングして完成

Part 3　見た目も味もまるで専門店！ 握らないおにぎり

材料(1個分)
- ご飯 …………………………………… 90g
- 肉味噌（作り方はP12参照）……… 好きなだけ
- 焼き海苔（全形）………………………… 1/2枚

作り方
1. 焼き海苔を三角形になるよう半分に切る
2. 1の上にご飯→肉味噌→ご飯の順番でのせ、海苔で包む
3. おにぎりの頂点肉味噌をトッピングして完成

旦那ウケ抜群！
肉味噌おにぎり

肉味噌は、ラーメンやチャーハンにも使える万能具材！

炊飯が追いつかなくなる！
ねぎ肉味噌おにぎり

材料 (1個分)

- ご飯 …………… 90g
- 焼き海苔（全形） …… 1/2 枚

〈ねぎ肉味噌〉
- 豚ひき肉 ……… 100g
- サラダ油 ……… 適量
- 長ねぎ ………… 1/2 本
- ★味噌 ………… 大さじ 2
- ★酒 …………… 大さじ 1/2
- ★みりん ……… 大さじ 1/2
- ★しょうゆ …… 小さじ 1
- ★砂糖 ………… 大さじ 1/2

作り方

1. 長ねぎをみじん切りにし、★の材料を混ぜ合わせる
2. サラダ油をひいたフライパンにひき肉を入れ、色が変わるまで炒める
3. 長ねぎを入れてしんなりするまで炒めたら、1 の調味料を入れて汁気がなくなるまで炒め、粗熱を取る
4. 焼き海苔を三角形になるよう半分に切る
5. 4 の上にご飯→3（適量）→ご飯の順番でのせ、海苔で包む
6. おにぎりの頂点に 3（適量）をトッピングして完成

材料 (1個分)

- ご飯 ……………………………………… 90g
- 卵黄のしょうゆ漬け（作り方は P12 参照）…… 2 個
- 焼き海苔（全形） ……………………………… 1/2 枚

〈豚キムチ〉
- 豚こま切れ肉 … 100g
- キムチ ………… 25g
- しょうゆ …… 小さじ 1/2
- ごま油 ………… 適量

作り方

1. フライパンにごま油をひき、食べやすい大きさにカットした豚肉を入れて炒める
2. 豚肉に火が通ったら細かくカットしたキムチとしょうゆを入れて軽く炒め、粗熱を取る
3. 焼き海苔を三角形になるよう半分に切る
4. 3 の上にご飯→豚キムチ（適量）、卵黄のしょうゆ漬け 1 個→ご飯の順番でのせ、海苔で包む
5. おにぎりの頂点に豚キムチ（適量）と、卵黄のしょうゆ漬け 1 個をトッピングして完成

最強すぎる！
卵黄豚キムチおにぎり

豚キムチと卵黄
テッパンの
おいしさですね！！
@humisaitoh

ちょい足しするだけで革命的!
わさび香る ツナマヨおにぎり

Buzz Onigiri 100万回再生!

コロナ療養明けに絶対食べたいNO,1がこのおにぎり！
@kaosiful

材料（1個分）
- ご飯 …………… 90g
- ツナ缶 ……… 1/4缶
- マヨネーズ
  …………… 大さじ1/2
- しょうゆ … 小さじ1/2
- わさびチューブ
  ……………………… 1cm
- 焼き海苔（全形）
  …………………… 1/2枚

作り方
1. ツナは油を切る
2. 1とマヨネーズ、しょうゆ、わさびをボウルに入れてよく混ぜ合わせる
3. 焼き海苔を三角形になるよう半分に切る
4. 3の上にご飯→2（適量）→ご飯の順番でのせ、海苔で包む
5. おにぎりの頂点に残りの2をトッピングして完成

Part 3　見た目も味もまるで専門店！握らないおにぎり

絶対裏切らない！
焼肉コーンのおにぎり

材料（1個分）
- ご飯 ………… 90g
- 〈焼肉コーン〉
- 豚ひき肉 ……… 150g
- サラダ油 ……… 適量
- 塩 …… ひとつまみ
- 焼き海苔（全形）…… 1/2枚
- コーン缶 …… 大さじ1
- 焼肉のたれ
  ………………… 大さじ2

作り方
1. サラダ油をひいたフライパンに豚ひき肉を入れ塩を振って炒める。火が通ったらコーンを加えて焼肉のたれで味をつけ粗熱を取る
2. 焼き海苔を三角形になるよう半分に切る
3. 2の上にご飯→1（適量）→ご飯の順番でのせ、海苔で包む
4. おにぎりの頂点に1（適量）をトッピングして完成

これ絶対うまいやつ!
担々風おにぎり

長男が今までの
おにぎりで
一番うまいと
絶賛!

材料 (1個分)

・ご飯 …………… 90g　・焼き海苔(全形) ………… 1/2枚
〈担々風味噌〉
・ごま油 …………… 適量　・塩 …………… ひとつまみ
・生姜チューブ　　　　　★しょうゆ …… 小さじ1/2
　　　………… 小さじ1　★酒 …………… 大さじ1
・合いびき肉 …… 150g　★白ごま ……… 大さじ3
・豆板醤 ……… 大さじ1/2　★味噌 ………… 大さじ1

作り方

1　★の材料を混ぜ合わせる
2　フライパンにごま油をひいて、生姜を入れて炒める
　　香りが立ったらひき肉、豆板醤、塩を入れて炒める
3　火が通ったら1を入れて3分炒め、粗熱を取る
4　焼き海苔を三角形になるよう半分に切る
5　4の上にご飯→3(適量)→ご飯の順番でのせ、海苔で包む
6　おにぎりの頂点に残りの3をトッピングして完成

材料 (1個分)

・ご飯 ……………………………… 90g
・かつお節 ……………………… 2.5g
・マヨネーズ ………………… 小さじ1/2
・めんつゆ(4倍濃縮) ……… 小さじ1/2
・明太子 ………………………… 1/2腹
・焼き海苔(全形) ……………… 1/2枚
・小ねぎ ………………………… 適量

作り方

1　焼き海苔を三角形になるよう半分に切る
2　かつお節、マヨネーズ、めんつゆ、明太子を
　　ボウルに入れてよく混ぜ合わせる
3　1の上にご飯→2(適量)→ご飯の順番で
　　のせ、海苔で包む
4　おにぎりの頂点に残りの2と小ねぎをトッピ
　　ングして完成

かつお節香る!
明太マヨおにぎり

満腹！大満足！
アジフライマヨおにぎり

材料（1個分）
- ご飯 …………………………………… 90g
- アジフライ
  ……………… 2切れ（一口大にカットしたもの）
- マヨネーズ …………………………… 適量
- 大葉 …………………………………… 1枚
- 焼き海苔（全形）…………………… 1/2枚

作り方
1. 焼き海苔を三角形になるよう半分に切る
2. **1**の上にご飯→大葉→アジフライ1切れ→マヨネーズ→ご飯の順番でのせ、海苔で包む
3. おにぎりの頂点にアジフライ1切れをトッピングして完成

 ▶ 上にのせるアジフライは、小さめのものがおすすめです

Part 3　見た目も味もまるで専門店！　握らないおにぎり

材料（1個分）
- ご飯 ………… 90g　・焼き海苔（全形）…… 1/2枚

〈ししとう味噌〉
- ★味噌 ………… 大さじ2　・豚ひき肉 ………… 150g
- ★酒 …………… 大さじ1　・サラダ油 ………… 適量
- ★みりん ……… 大さじ1　・ししとう ………… 5本

作り方
1. ★の材料を混ぜ合わせる
2. サラダ油をひいたフライパンに豚ひき肉を入れて炒める
3. **2**の色が変わったら、輪切りにしたししとうと**1**を入れてよく炒め、粗熱を取る
4. 焼き海苔を三角形になるよう半分に切る
5. **4**の上にご飯→**3**（適量）→ご飯の順番でのせ、海苔で包む
6. おにぎりの頂点に**3**（適量）をトッピングして完成

 ▶ 冷奴などにのせるものおすすめです
▶ 七味唐辛子をプラスしても◎

大人がハマる！
ししとう味噌おにぎり

インスタライブで大好評だったレシピ！絶対作って！

海苔の巻き方絶対覚えて！
万能おにぎらず

トッピングがいろいろあっていいですね！
@hidemi.085

材料（1個分）

- ご飯 ………… 120g
- お好みの肉 …… 適量
- 焼肉のたれ …… 適量
- スライスチーズ
  ………………… 1枚
- レタス …… 2〜3枚
- マヨネーズ …… 適量
- 焼き海苔（全形）
  ………………… 1枚
- サラダ油 ……… 適量

作り方

1. お好みの肉を油をひいたフライパンで炒め、焼肉のたれで味をつけ、粗熱を取る
2. 焼き海苔は十字に軽く折り目をつけ、折り目に沿って中心までハサミで1本切り込みを入れる切り込みを入れる
3. ラップの上に切り込みを入れたほうを手前にして焼き海苔を置き、上に具材をのせる（左上にレタスと1（適量）を置きマヨネーズをかける、右上にご飯、左下にスライスチーズ、右下にご飯）
4. 左下からパタパタと折りたたんでいく
5. ラップでぎゅっと包んだら、包丁で半分にカットして完成

材料（1個分）

- ご飯 ………………………………… 70g
- 塩 …………………………………… 適量
- 焼き海苔（全形） 1/4にカットしたものを2枚
- 好きな具材 ……………… 写真は鮭と大葉

作り方

1. ラップの上にカットした焼き海苔1枚を敷いて、塩を混ぜたご飯をのせて包む
2. 1のラップを開いてもう1枚の焼き海苔をのせ、ご飯が見えなくなるように丸く包む
3. 焼き海苔がしんなりしたら包丁で2に切り込みを入れる
4. 切り込みに好きな具材をつめて完成

コロコロかわいい！
ぱっかんおにぎり

運動会やホームパーティーなどで大活躍まちがいなし！

Part 4

パクパク食べられる！
子どもがよろこぶおにぎり

おかわりが止まらない！
子どもが大好きな味のおにぎりレシピを紹介します。
お弁当に入っていたら
きっと大よろこびしてくれることまちがいなし！

おかわりコールが止まらなかった激推しおにぎり!

子どもがハマった!
バターコーンおにぎり

材料 (1個分)

- ご飯 ……………………………… 90g
- コーン缶 ………………………… 大さじ2
- バター …………………………… 5g
- しょうゆ ………………………… 小さじ1/2

作り方

1. コーンとバターを耐熱容器に入れてラップをかけて、電子レンジで20秒温める
2. 1にしょうゆを入れてバターが全体になじむように混ぜる
3. ご飯と2をボウルに入れてよく混ぜ合わせる
4. 3をおにぎりの型につめ、形を作って取り出して完成

POINT ▶ 油分が多いので、コーンがつぶれない程度に強めに型につめてください

家族みんなから大好評！
海苔唐揚げおにぎり

材料（1個分）

- ご飯 ………… 80g
- ★鶏の唐揚げ …… 1個
- ★しょうゆ
   ………… 小さじ1/2
- ★白ごま … 大さじ1/2
- 韓国海苔（八つ切り）
   ………………… 4枚

作り方

1. ご飯と★の材料をボウルに入れてよく混ぜ合わせる。唐揚げはハサミで細かくカットしながら入れる
2. 韓国海苔を手で細かくちぎりながら1に入れてよく混ぜ合わせる
3. 2をおにぎりの型につめ、形を作って取り出して完成

Part 4　パクパク食べられる！ 子どもがよろこぶおにぎり

材料（1個分）

- ご飯 …………………………… 90g
- たらこ ………………………… 1/2腹
- クリームチーズ（個包装タイプ） …… 1個
- かつお節 ……………………… 1g

作り方

1. ご飯とたらこ、かつお節をボウルに入れてよく混ぜ合わせる。たらこはハサミで細かくカットしながら入れる
2. クリームチーズをハサミで細かくカットしながら1に入れてよく混ぜ合わせる
3. 2をおにぎりの型につめ、形を作って取り出して完成

おかわりが止まらない！
たらこチーズおにぎり

あーもうこれは私好みです！
@ hunts.haha

75

こんがり香ばしい！
ウインナーチーズカレーおにぎり

> 冷めてももちろん
> おいしいけど…ぜひ
> できたての
> おいしさを味わって！

材料（1個分）

- ご飯 …………………………………… 90g
- ★ウインナー ………………………… 1本
- ★カレー粉 ………………………… 小さじ1
- ★ピザ用チーズ …………………… 大さじ1
- ★しょうゆ ……………………… 小さじ1/2
- サラダ油 …………………………… 適量
- バター ……………………………… 2.5g

作り方

1 ウインナーを薄い輪切りにして、サラダ油をひいたフライパンで炒める

2 ご飯と★の材料をボウルに入れてよく混ぜ合わせる

3 2をおにぎりの型につめ、形を作って取り出す

4 1のフライパンにバターを入れて溶かし、両面がカリッとするまで焼いて完成

▶ チーズは多めのほうが、羽根ができて崩れにくくなります
▶ 表面だけでなく側面もしっかり焼くことがポイントです

パクパク食べられる！
鮭クリチーおにぎり

材料（1個分）
- ご飯 ……………………………………… 90g
- 焼き鮭 ………………………………… 1/4 切れ
- クリームチーズ（個包装タイプ）………… 1個
- 白ごま ………………………………… 大さじ 1/2

作り方
1. 焼き鮭は骨と皮を取ってほぐす
2. ご飯と **1**、白ごまをボウルに入れてよく混ぜ合わせる
3. クリームチーズをハサミで細かくカットしながら **2** に入れてよく混ぜ合わせる
4. **3** をおにぎりの型につめ、形を作って取り出して完成

 ▶焼き鮭は、鮭フレークでも代用可能です

Part 4 パクパク食べられる！子どもがよろこぶおにぎり

材料（1個分）
- ご飯 …………… 90g
- ちくわ ………… 1/2 本
- めんつゆ（4倍濃縮）
  　………… 小さじ 1/2
- ★青のり … 小さじ 1/2
- ★天かす …… 大さじ 1
- ★塩 ………… ひとつまみ
- サラダ油 ……… 適量

作り方
1. ちくわを縦半分に切って薄切りにしてサラダ油をひいたフライパンで炒め、めんつゆで味をつける
2. ご飯と **1**、★の材料をボウルに入れてよく混ぜ合わせる
3. **2** をおにぎりの型につめ、形を作って取り出して完成

青のり香る！
磯辺揚げ風おにぎり

我が家の子どもたちのお気に入り！

食べだしたら止まらない！
鮭味噌おにぎり

朝でもパクパク食べられちゃう！味噌のコクが決め手！

材料（1個分）

- ご飯 ……………………………………… 90g
- 鮭フレーク ……………………………… 大さじ1
- 味噌 ……………………………………… 大さじ1/2
- 白ごま …………………………………… 大さじ1/2

作り方

1. ご飯とすべての材料をボウルに入れてよく混ぜ合わせる
2. 1をおにぎりの型につめ、形を作って取り出して完成

> **POINT**
> ▶ 焼くともっとおいしくなるのでおすすめ！
> ▶ 鮭フレークは、余った焼き鮭でも代用可能です

材料（1個分）

- ご飯 ……………………………………… 90g
- ★塩昆布 ………………………………… 大さじ1/2
- ★めんつゆ（4倍濃縮）………………… 大さじ1/2
- クリームチーズ（個包装タイプ）……… 1個

作り方

1. ご飯と★の材料をボウルに入れてよく混ぜ合わせる
2. クリームチーズをハサミで細かくカットしながら1に入れてよく混ぜ合わせる
3. 2をおにぎりの型につめ、形を作って取り出して完成

食べるたびに好きになる！
塩昆布クリチーおにぎり

子どもが大はしゃぎ！
ケチャップおにぎり

材料（1個分）

- ・ご飯 ……………………………………… 90g
- ★ウインナー ……………………………… 1本
- ★めんつゆ（4倍濃縮）…………… 小さじ1
- ★ケチャップ ………………………… 大さじ1/2
- ・塩 ………………………………… ひとつまみ

作り方

1 ウインナーを薄い輪切りにして、★の材料を耐熱ボウルに入れてラップをかけ、電子レンジで1分温める

2 ご飯と塩を**1**のボウルに入れてよく混ぜ合わせる

3 **2**をおにぎりの型につめ、形を作って取り出して完成

Part 4 パクパク食べられる！ 子どもがよろこぶおにぎり

材料（1個分）

- ・ご飯 ……………………………………… 90g
- ★ツナ缶 …………………………………… 1/2缶
- ★白ごま ……………………………… 大さじ1/2
- ★ごま油 ……………………………… 小さじ1/2
- ★塩 ………………………………… ひとつまみ
- ・韓国海苔（八つ切り）…………………… 4枚

作り方

1 ツナは油を切る

2 ご飯と★の材料をボウルに入れてよく混ぜ合わせる

3 韓国海苔を手で細かくちぎりながら**2**に入れてよく混ぜ合わせる

4 **3**をおにぎりの型につめ、形を作って取り出して完成

 ▶韓国海苔は、パリパリ感を残すために最後に入れてください

みんな大好き！
海苔ツナおにぎり

離乳食完了期頃の子どもがいまして、恐ろしいほど爆食べです……。
@hi_twinkling

冷凍すればいつでも食べられる！
チーズ焼きおにぎり

わあ！冷凍庫に
これストックしてたら…
冬休みかなり助かりそう
@_rara_mama.gohan

材料 (1個分)

- ご飯 …………… 80g
- ★バター ………… 2.5g
- ★白だし … 小さじ 1/2
- ★しょうゆ
   ………… 小さじ 1/2
- スライスチーズ
   ……………… 1/2 枚
- しょうゆ ……… 適量
- ごま油 ………… 適量

作り方

1. ご飯と★の材料をボウルに入れてよく混ぜ合わせる
2. 1の半量をおにぎりの型に半分つめる
3. スライスチーズを半分に切って、小さくたたんで 2 に入れ、上から残りのご飯をつめて形を作って取り出す
4. ごま油をひいたフライパンで、両面をしっかり焼く
5. カリッとしたら火を止めて、しょうゆで味をつけて完成

材料 (1個分)

- ご飯 ………………………………… 80g
- 鶏の唐揚げ ……………………… 1 個
- ベビーチーズ …………………… 1 個
- 青のり ………………………… 小さじ 1/2

作り方

1. ご飯と唐揚げ、青のりをボウルに入れてよく混ぜ合わせる。唐揚げはハサミで細かくカットしながら入れる
2. ベビーチーズをハサミで細かくカットしながら 1 に入れてよく混ぜ合わせる
3. 2 をおにぎりの型につめ、形を作って取り出して完成

やみつきまちがいなし！
青のりチーズの唐揚げおにぎり

おいしすぎて感動！
ツナマヨたまおにぎり

材料（1個分）

- ご飯 ……………………………… 90g
- ツナ缶 …………………………… 1/4 缶
- マヨネーズ ……………………… 小さじ 1
- 炒り卵（作り方は P13 参照）……… 大さじ 1
- うま味調味料 …………………… 小さじ 1/2

作り方

1. ツナは油を切り、マヨネーズと混ぜてツナマヨを作る
2. ご飯とすべての材料をボウルに入れてよく混ぜ合わせる
3. 2 をおにぎりの型につめ、形を作って取り出して完成

Part 4 パクパク食べられる！子どもがよろこぶおにぎり

材料（1個分）

- ご飯 ……………………………… 90g
- 焼き鮭 …………………………… 1/2 切れ
- マヨネーズ ……………………… 大さじ 1/2
- 韓国海苔（八つ切り）…………… 4 枚

作り方

1. 焼き鮭は骨と皮を取ってほぐす
2. ご飯と 1、マヨネーズをボウルに入れてよく混ぜ合わせる
3. 韓国海苔を手で細かくちぎりながら 2 に入れて混ぜ合わせる
4. 3 をおにぎりの型につめ、形を作って取り出して完成

 ▶韓国海苔は、パリパリ感を残すために最後に入れてください

全人類に捧げる！
鮭マヨ海苔おにぎり

鮭と韓国海苔の相性抜群！マヨネーズが加われば最強なの！

はぴ家満場一致！
味噌マヨ焼きおにぎり

材料 (1個分)
- ごはん ……………………………… 90g
- 味噌 ………………………………… 大さじ 1/2
- みりん ……………………………… 大さじ 1/2
- マヨネーズ ………………………… 適量

作り方
1. 味噌とみりんをよく混ぜ合わせる
2. クッキングシートの上におにぎりの形にしたご飯をのせる
3. ご飯の上に 1 を塗り、マヨネーズをかける
4. 200℃のオーブントースターで焦げないように様子を見ながら 5 分程度焼いて完成

POINT
- バーナーであぶっても◎
- 焦げやすいので注意してください

材料 (1個分)
- ご飯 ………………………………… 90g
- 炒り卵（作り方は P13 参照）…… 大さじ1
- 鮭フレーク ………………………… 大さじ1
- 塩 …………………………………… ひとつまみ

作り方
1. ご飯とすべての材料をボウルに入れてよく混ぜ合わせる
2. 1 をおにぎりの型につめ、形を作って取り出して完成

彩りかわいい！
鮭たまおにぎり

子どもが好きな味！小さいお子さんでも食べられる！

おにぎり1個で大満足！
唐揚げと塩昆布のおにぎり

おかずがいらないから部活の間にサッと食べられる！

材料（1個分）
- ご飯 ……………………………… 80g
- 鶏の唐揚げ ……………………… 1個
- 塩昆布 …………………… 大さじ1/2
- 白ごま ……………………… 小さじ1

作り方
1. ご飯とすべての材料をボウルに入れてよく混ぜ合わせる。唐揚げはハサミで細かくカットしながら入れる
2. 2をおにぎりの型につめ、形を作って取り出して完成

材料（1個分）
- ご飯 ………… 90g
- ツナ缶 ……… 1/4缶
- 枝豆 ………… 10粒
- 塩昆布 … 大さじ1/2
- 白ごま … 大さじ1/2
- めんつゆ（4倍濃縮）………… 小さじ1/2

作り方
1. ツナは油を切る
2. ご飯とすべての材料をボウルに入れてよく混ぜ合わせる
3. 2をおにぎりの型につめ、形を作って取り出して完成

一瞬で子どもが食らいつく！
ツナと枝豆と塩昆布のおにぎり

Part 4 パクパク食べられる！子どもがよろこぶおにぎり

秋に食べたい！
さつまいもおにぎり

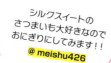

シルクスイートの
さつまいも大好きなので
おにぎりにしてみます！！
@ meishu426

材料（1個分）

- ご飯 …………………………………… 80g
- 焼き芋 …………………………………… 50g
- 黒ごま …………………………… 大さじ1/2
- 塩 …………………………………… ひとつまみ

作り方

1 焼き芋は皮をむく

2 ご飯とすべての材料をボウルに入れてよく混ぜ合わせる。焼き芋はハサミで細かくカットしながら入れる

3 2をおにぎりの型につめ、形を作って取り出して完成

 POINT
▶焼き芋は、皮をしっかりむいてください
▶スーパーに売っている焼き芋でOK

材料（1個分）

- ご飯 …………… 90g
- ★塩昆布
    …………… 大さじ1/2
- ★かつお節 ………… 1g
- ★しょうゆ
    …………… 小さじ1/2
- ★ごま油 …… 小さじ1/2
- ・ベビーチーズ …… 1個

作り方

1 ご飯と★の材料をボウルに入れてよく混ぜ合わせる

2 ベビーチーズをハサミで細かくカットしながら1に入れてよく混ぜ合わせる

3 2をおにぎりの型につめ、形を作って取り出して完成

子どもも大人も絶対好き！
魅惑のチーズおかか

めっちゃ
美味しかったです！
@ no__sweets_no_life

おいしいに決まってる！
和風バター焼きおにぎり

バターとしょうゆの組み合わせは最強すぎた！

材料（1個分）
- ご飯 …………… 90g
- ★バター ………… 2.5g
- ★しょうゆ
  ………… 小さじ 1/2
- ★白だし … 小さじ 1/2
- ★白ごま … 小さじ 1/2
- ごま油 ………… 適量
- しょうゆ ……… 適量

作り方
1. ご飯と★の材料をボウルに入れてよく混ぜ合わせる
2. 1をおにぎりの型につめ、形を作って取り出す
3. ごま油をひいたフライパンで、表面をしっかり焼く
4. カリッとしたら火を止めて、しょうゆで味をつけて完成

POINT
- ▶ 形が崩れやすいので、少し強めに型につめてください
- ▶ 表面がカリッとなるまでしっかり焼いてください

Part 4　パクパク食べられる！子どもがよろこぶおにぎり

材料（1個分）
- ご飯 …………………………… 90g
- 鮭フレーク ………………… 大さじ 1
- バター ………………………… 2.5g
- しょうゆ …………………… 小さじ 1/2

作り方
1. ご飯とすべての材料をボウルに入れてよく混ぜ合わせる
2. 1をおにぎりの型につめ、形を作って取り出して完成

もう1個食べたい！が止まらない
鮭しょうゆバターおにぎり

明日のおにぎりを迷ってたので、早速作ってみますね〜
@yukiko.ayami

85

天才的な組み合わせ！
青のりウインナーおにぎり

材料（1個分）
- ご飯 …………… 90g
- ウインナー …… 1本
- 青のり …… 小さじ 1/2
- ごま油 …… 小さじ 1/2
- 塩 ……… ひとつまみ

作り方
1. ウインナーを薄い輪切りにして耐熱容器に入れ、ラップをして電子レンジで20秒温める
2. ご飯とすべての材料をボウルに入れてよく混ぜ合わせる
3. 2をおにぎりの型につめ、形を作って取り出して完成

次女がお弁当に持って行ったら、明日もこれがいいと言ってくれたおにぎり

 POINT ▶ウインナーは炒めることでさらにジューシーに！

圧倒的人気！
チーズカレー焼きおにぎり

材料（1個分）
- ご飯 ……………………………… 90g
- カレー粉 ……………………… 大さじ 1/2
- 塩 ……………………………… ひとつまみ
- 日清オイリオの「日清やみつきオイル カレーオイル」………………………………… 適量
- ピザ用チーズ ………………………… 好きなだけ

作り方
1. ご飯とカレー粉、塩をボウルに入れてよく混ぜ合わせる
2. 1にカレーオイルをひと回し入れてよく混ぜ合わせる
3. 2にピザ用チーズを入れてさっくりと混ぜて、おにぎりの型につめ、形を作って取り出す
4. カレーオイルをひいたフライパンで、表面をしっかり焼いて完成

 POINT
▶チーズを多めにすると崩れにくくなります
▶側面もしっかり焼くことがポイントです

チーズをたっぷりにしてリピしてます！美味しかったです！
@ part.future49

簡単なのに超うまい！
クリチおかかおにぎり

子ども絶賛！
目を見開きながら
食す
@part.future49

材料（1個分）

- ご飯 …………………………………… 90g
- クリームチーズ（個包装タイプ）…… 1個
- かつお節 ………………………………… 3g
- しょうゆ ……………………………… 小さじ1

作り方

1. ご飯とかつお節、しょうゆをボウルに入れてよく混ぜ合わせる
2. クリームチーズをハサミで細かくカットしながら **1** に入れてよく混ぜ合わせる
3. **2** をおにぎりの型につめ、形を作って取り出して完成

Part 4 パクパク食べられる！ 子どもがよろこぶおにぎり

材料（1個分）

- ご飯 ………… 90g
- ツナ缶 ……… 1/2 缶
- 塩昆布 …… 大さじ 1/2
- 白ごま …… 大さじ 1/2
- ごま油 …… 小さじ 1/2
- めんつゆ（4 倍濃縮）
  　　　　　　　…… 小さじ 1

作り方

1. ツナは油を切る
2. ご飯とすべての材料をボウルに入れてよく混ぜ合わせる
3. **2** をおにぎりの型につめ、形を作って取り出して完成

受験生の息子の夜食に作った！
ツナ塩昆布おにぎり

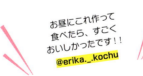

お昼にこれ作って
食べたら、すごく
おいしかったです！！
@erika._.kochu

何個でも食べられる！
えび塩昆布おにぎり

材料（1個分）
- ご飯 …………… 90g
- 桜えび …… 小さじ1
- 塩昆布 … 大さじ1/2
- 白ごま … 大さじ1/2
- 白だし …… 小さじ1

作り方
1. ご飯とすべての材料をボウルに入れてよく混ぜ合わせる
2. 1をおにぎりの型につめ、形を作って取り出して完成

材料（1個分）
- ご飯 ……………………………… 90g
- 炒り卵（作り方は P13 参照）…… 大さじ1
- 枝豆 ……………………………… 10粒
- かつお節 ………………………… 1g
- めんつゆ（4倍濃縮）………… 小さじ1/2

作り方
1. ご飯とすべての材料をボウルに入れてよく混ぜ合わせる
2. 1をおにぎりの型につめ、形を作って取り出して完成

かつお節香る！
枝豆と炒り卵のおにぎり

シンプルだけどめんつゆが利いていてやみつきになる！

味噌でまろやかな和の味わい！
鮭バターおにぎり

材料（1個分）
- ご飯 ························· 90g
- 味噌 ······················ 小さじ 1/2
- バター ······················· 2.5g
- 鮭フレーク ··················· 大さじ 1
- 小ねぎ ······················ 小さじ 1
- 白ごま ···················· 大さじ 1/2

作り方
1. 味噌とバターを耐熱容器に入れてラップをかけて電子レンジで20秒温める
2. ご飯とすべての材料をボウルに入れてよく混ぜ合わせる
3. 2をおにぎりの型につめ、形を作って取り出して完成

味噌と鮭とバターなんて絶対合うに決まってる！

Part 4　パクパク食べられる！ 子どもがよろこぶおにぎり

材料（1個分）
- ご飯 ························· 90g
- ★鮭フレーク ··················· 大さじ 1
- ★塩昆布 ···················· 大さじ 1/2
- ★白ごま ···················· 大さじ 1/2
- クリームチーズ（個包装タイプ） ······ 1個

作り方
1. ご飯と★の材料をボウルに入れてよく混ぜ合わせる
2. クリームチーズをハサミで細かくカットしながら1に入れてよく混ぜ合わせる
3. 2をおにぎりの型につめ、形を作って取り出して完成

絶対ハマる！
塩昆布と鮭チーズおにぎり

おいしすぎる!! はぴ夫婦厳選！ ご飯のおとも

韓国味付海苔ジャバンのり

ごま油や塩などで味をつけた韓国海苔がフレーク状になったもの。はぴ家でも人気すぎてすぐになくなっちゃう！とのこと。韓国海苔好きの方にはぜひ一度食べてほしい絶品の一品です。

韓国味付け海苔ジャバンのり / 永井海苔

柿の種のオイル漬け にんにくラー油

新潟の名物「柿の種」とラー油が絶妙にマッチした、ご飯との相性最強のおかずラー油です。ザクザクとパリパリの食感がやみつきに。
はぴ夫婦のおすすめは「にんにくラー油」！

柿の種のオイル漬け にんにくラー油 / 阿部幸製菓

のり屋自慢の納豆ふりかけ

サクサク食感がおいしいフリーズドライ納豆と、風味豊かな海苔がたっぷり入った変わり種ふりかけ。口に入れると納豆特有の粘りが出てくるのが特徴です。

のり屋自慢の納豆ふりかけ / 旬楽膳

ひじきふりかけ しそ風味

ふんわりとしたソフト仕上げのふりかけで、大人から子どもまで大人気の一品！しその風味が食欲をそそり、栄養価の高いひじきを手軽に食べることができます。

ひじきふりかけ しそ風味 / 港ダイニング しおそう

イチオシのふりかけたち

身近なお店で手に入るので、見かけた際はぜひ試してみてください。

男梅ふりかけ / 大森屋
ソフトふりかけ ちりめん山椒 / 丸美屋
わさびふりかけ しげき / 三島食品
ゆかりふりかけ / 三島食品

栄養満点！

健康おにぎり

魚や野菜などの栄養たっぷり食材を使った
おにぎりのレシピを紹介します。
ヘルシーなものが多いので、
ダイエット中も罪悪感なく食べられちゃう！

> わあー♡待ってました！
> 大根の葉っぱでも
> いけますね！
> @ hina0719

それ捨てないで！
栄養満点かぶたくおにぎり

材料（1個分）

- ご飯 ……………………………… 90g
- 梅干し …………………………… 1個
- かぶの葉 ……………………… 1/2個分
- たくあん（薄切り）……………… 1枚
- 白ごま ………………………… 大さじ1/2
- ごま油 ………………………… 小さじ1/2

作り方

1 かぶの葉を下茹でし、水気を取ってみじん切りにする

2 ご飯とすべての材料をボウルに入れてよく混ぜ合わせる。梅干しとたくあんはハサミで細かくカットしながら入れる

3 2をおにぎりの型につめ、形を作って取り出して完成

朝ごはんにピッタリ！
じゃこたらこおにぎり

材料（1個分）

- ご飯 …………… 90g
- 焼きたらこ … 1/2 腹
- 大葉 …………… 2 枚
- ちりめんじゃこ
  ………… 大さじ 1/2
- かつお節 ………… 1g
- 白ごま … 大さじ 1/2
- しょうゆ
  ………… 小さじ 1/2

作り方

1. ご飯とすべての材料をボウルに入れてよく混ぜ合わせる。大葉と焼きたらこはハサミで細かくカットしながら入れる
2. 1をおにぎりの型につめ、形を作って取り出して完成

Part 5 栄養満点！健康おにぎり

材料（1個分）

- ご飯 ………………………………… 90g
- 乾燥わかめ ……………………………… 1g
- 梅干し ………………………………… 1 個
- しらす ……………………………… 小さじ 1
- かつお節 ……………………………… 1g

作り方

1. 乾燥わかめは、指で砕いてから水で戻し水気を取る
2. ご飯とすべての材料をボウルに入れてよく混ぜ合わせる。梅干しはハサミで細かくカットしながら入れる
3. 2をおにぎりの型につめ、形を作って取り出して完成

梅の味がアクセントに！
しらすとわかめおにぎり

おかずがいらない！
サバ大葉おにぎり

とてもおいしそうです！
真似っこしてみますー！
@ Natsuno

材料 (1個分)

- ご飯 …………………………… 90g
- 冷凍サバ ……………………… 1/4 尾分
- サラダ油 ……………………… 適量
- 酒 ……………………………… 適量
- 大葉 …………………………… 2 枚
- 白ごま ………………………… 大さじ1/2
- しょうゆ ……………………… 小さじ1/2

作り方

1. サラダ油をひいたフライパンに冷凍サバをそのまま入れる
2. 皮の面を1分程度焼いたら、酒をひと回し入れて蓋をして5分間蒸し焼きにする
3. 火が通ったらひっくり返し、焼き色をつけてほぐす
4. ご飯と3、大葉、白ごま、しょうゆをボウルに入れてよく混ぜ合わせる。大葉はハサミで細かくカットしながら入れる
5. 4をおにぎりの型につめ、形を作って取り出して完成

 ▶ サバの皮は生臭くなるので取って、身だけフレークにします

昔懐かしの味!
しばしそおにぎり

材料（1個分）
- ご飯 ………………………………………… 90g
- しば漬け ………………………………… 10g
- しその実 ……………………………… 小さじ1
- 白ごま ……………………………… 大さじ1/2

作り方
1. ご飯とすべての材料をボウルに入れてよく混ぜ合わせる。しば漬けはハサミで細かくカットしながら入れる
2. 1をおにぎりの型につめ、形を作って取り出して完成

Part 5 栄養満点！健康おにぎり

材料（1個分）
- ご飯 ……………… 90g
- ★かつお節 ………… 1g
- ★生姜チューブ
   ……………… 2.5cm
- ★白ごま … 小さじ1/2
- ★しょうゆ
   ……………… 小さじ1/2
- ★ごま油 … 小さじ1/2

作り方
1. ボウルに★の材料を入れて混ぜ合わせる
2. 1のボウルにご飯を入れてよく混ぜ合わせる
3. 2をおにぎりの型につめ、形を作って取り出して完成

体ポカポカ温まる！
生姜のおにぎり

土日の子ども達が休みの昼やバイトに行く娘にも作ってあげようと思います！
@yu.miko_36_

緑黄色野菜入り！
しらすと野菜のおにぎり

加熱しても栄養素がこわれにくい！食物繊維はセロリの約1.5倍も！

材料 (1個分)

- ご飯 …………………………… 80g
- にんじん ……………………… 2〜3cm
- ピーマン ……………………… 1/4 個
- みりん ………………………… 小さじ1
- しょうゆ ……………………… 小さじ1/2
- しらす ………………………… 大さじ1/2
- 鶏がらスープの素（顆粒）…… 小さじ1/2

作り方

1 人参とピーマンを千切りにして、耐熱容器に入れる

2 **1**にみりんとしょうゆを加えてラップをかけて電子レンジで1分温める

3 ご飯、しらす、鶏がらスープの素と**2**をボウルに入れてよく混ぜ合わせる

4 **3**をおにぎりの型につめ、形を作って取り出して完成

- にんじんとピーマンは大きさを揃えてカットすると、見栄えがよくなります
- にんじんはスライサーを使うと簡単です

ザクザク食感が楽しい！
カルシウム爆弾おにぎり

仕事終わりの車で見て……
どのおにぎりも
飯テロです！
@ m709j715

材料（1個分）
- ご飯 …………… 90g
- ちりめんじゃこ …………… 大さじ1
- 白ごま …… 大さじ1/2
- 大葉 …………… 2枚
- しょうゆ …………… 小さじ1/2

作り方
1. ご飯とすべての材料をボウルに入れてよく混ぜ合わせる。大葉はハサミで細かくカットしながら入れる
2. 1をおにぎりの型につめ、形を作って取り出して完成

Part 5 栄養満点！健康おにぎり

材料（1個分）
- ご飯 …………………………………… 90g
- 梅干し …………………………………… 1個
- ミョウガ …………………………………… 1個
- 白ごま …………………………… 大さじ1/2

作り方
1. ミョウガはハサミで細かくカットし、30秒間水にさらしてアクを抜いて水気を取る
2. ご飯とすべての材料をボウルに入れてよく混ぜ合わせる。梅干しはハサミで細かくカットしながら入れる
3. 2をおにぎりの型につめ、形を作って取り出して完成

夏バテ予防！
梅ごまミョウガおにぎり

ミョウガが大好きなので作ります！！！
@ chi_taniwaki5

 ▶ ミョウガのアク抜きは、香りが飛ばないように使用する直前に行います

97

オクラがアクセントに！
梅おかかの彩りおにぎり

オクラには免疫力を高める栄養がたっぷり！

材料（1個分）

- ご飯 …………………………………… 90g
- 冷凍オクラ …………………………… 1本分
- 梅干し ………………………………… 1個
- かつお節 ……………………………… 1g
- めんつゆ（4倍濃縮）………… 大さじ1/2

作り方

1 冷凍オクラは解凍して水気を取る

2 ご飯とすべての材料をボウルに入れて混ぜ合わせる。梅干しはハサミで細かくカットしながら入れる

3 2をおにぎりの型につめ、形を作って取り出して完成

 ▶ おにぎりの型にオクラを先に入れてからご飯をつめると、見栄えが良くなります

このコンビ最強かも！
ごま油香る梅わかめおにぎり

材料（1個分）

- ご飯 …………… 90g
- 乾燥わかめ ………… 1g
- 梅干し …………… 1個
- 白ごま ……… 大さじ 1/2
- 白だし ……… 小さじ 1/2
- ごま油 ……… 小さじ 1/2
- 塩 …………… ひとつまみ

作り方

1 乾燥わかめは、手で砕いてから水で戻す

2 ご飯とすべての材料をボウルに入れてよく混ぜ合わせる。梅干しはハサミで細かくカットしながら入れる

3 2 をおにぎりの型につめ、形を作って取り出して完成

> わかめは糖質も低く、代謝を助ける栄養素がたっぷり！

Part 5 栄養満点！ 健康おにぎり

材料（1個分）

- ご飯 …………………………… 90g
- 冷凍サバ ………………………… 1/4 尾分
- 塩昆布 ………………………… 大さじ 1/2
- 小ねぎ ………………………… 大さじ 1/2

作り方

1 冷凍サバは解凍して焼き、骨と皮を取ってフレーク状にする

2 ご飯とすべての材料をボウルに入れてよく混ぜ合わせる

3 2 をおにぎりの型につめ、形を作って取り出して完成

 ▶ サバの皮は生臭くなるので取って、身だけフレークにします

リピート確定！
サバねぎおにぎり

毎週野球を頑張っている息子に魚食べさせたいです！
@ hara.makimaki

99

最強のご飯のおとも！
小松菜じゃこおにぎり

疲労回復や免疫力を高めるカロテンやビタミンCがたっぷり！

材料（1個分）

- ご飯 ……………………………… 90g
- 小松菜 …………………………… 1株
- ちりめんじゃこ ………………… 大さじ1
- 白ごま …………………………… 大さじ1/2
- しょうゆ ………………………… 小さじ1/2
- 酒 ………………………………… 小さじ1/2
- サラダ油 ………………………… 適量

作り方

1 小松菜は1cm幅にカットする

2 サラダ油をひいたフライパンに、小松菜の茎を入れて2分程度炒めたら、葉の部分を加えて軽く炒める

3 2にちりめんじゃこ、白ごま、しょうゆ、酒を入れて20秒炒め合わせる

4 ご飯と3を大さじ2程度ボウルに入れてよく混ぜ合わせる

5 4をおにぎりの型につめ、形を作って取り出して完成

塩気がたまらん！
塩サバ昆布おにぎり

材料（1個分）
- ご飯 ······················· 90g
- 冷凍サバ ··················· 1/4 尾分
- 塩昆布 ····················· 大さじ 1/2
- 白ごま ····················· 大さじ 1/2

作り方
1. 冷凍サバは解凍して焼き、骨と皮を取ってフレーク状にする
2. ご飯とすべての材料をボウルに入れてよく混ぜ合わせる
3. 2をおにぎりの型につめ、形を作って取り出して完成

POINT ▶ サバの皮は生臭くなるので取って、身だけフレークにします

Part 5 栄養満点！健康おにぎり

材料（1個分）
- ご飯 ······················· 90g
- ちりめんじゃこ ············· 小さじ 1
- かつお節 ··················· 1g
- 白ごま ····················· 大さじ 1/2
- しょうゆ ··················· 小さじ 1

作り方
1. ご飯とすべての材料をボウルに入れてよく混ぜ合わせる
2. 1をおにぎりの型につめ、形を作って取り出して完成

シンプルが一番！
じゃこおかかおにぎり

かつお節は手軽に食べられる高タンパク質な食材！

小松菜とちくわの
栄養満点おにぎり

ちくわは脂質が低く、高タンパク質な食品◎

材料（1個分）

- ご飯 ……………………………… 80g
- サラダ油 ………………………… 適量
- 小松菜 …………………………… 1株
- ちくわ ………………………… 1/2本
- めんつゆ（4倍濃縮）……… 大さじ1/2

作り方

1. 小松菜は1cm幅にカットし、ちくわは薄い輪切りにする
2. サラダ油をひいたフライパンで、小松菜の茎→ちくわ→小松菜の葉の順に入れて軽く炒め、めんつゆで味をつける
3. ご飯と2をボウルに入れてよく混ぜ合わせる
4. 3をおにぎりの型につめ、形を作って取り出して完成

材料（1個分）

- ご飯 …………… 90g
- ミックスナッツ ……………… 10粒
- ちりめんじゃこ …………… 大さじ1
- 青のり … 小さじ1/2
- しょうゆ … 小さじ1/2
- 塩 ……… ひとつまみ

作り方

1. ミックスナッツはポリ袋に入れてめん棒などで細かく砕く
2. ご飯とすべての材料をボウルに入れてよく混ぜ合わせる
3. 2をおにぎりの型につめ、形を作って取り出して完成

POINT ▶ ミックスナッツは食感が残る程度に砕くと◎

小魚アーモンドの味を再現!?
こざかナッツおにぎり

学校の給食で食べたことある味だよ！

ガッツリ食べて栄養補給！
サバたらこおにぎり

美味しそう...
息子に
リクエストされました。
@hongmei.xiaotian

材料（1個分）

- ご飯 ………… 90g
- 冷凍サバ … 1/4 尾分
- たらこ ………… 1/2 腹
- 大葉 …………… 1枚
- 白ごま …… 大さじ 1/2

作り方

1. 冷凍サバは解凍して焼き、骨と皮を取ってフレーク状にする
2. ご飯とすべての材料をボウルに入れてよく混ぜ合わせる。たらこと大葉はハサミで細かくカットしながら入れる
3. 2をおにぎりの型につめ、形を作って取り出して完成

> **POINT** ▶ サバの皮は生臭くなるので取って、身だけフレークにします

Part 5 栄養満点！健康おにぎり

材料（1個分）

- ご飯 ……………………………… 90g
- 鮭フレーク ……………………… 大さじ 1
- 大葉 ……………………………… 2枚
- 白ごま …………………………… 大さじ 1/2
- ちりめんじゃこ ………………… 大さじ 1/2

作り方

1. ご飯とすべての材料をボウルに入れてよく混ぜ合わせる。大葉はハサミで細かくカットしながら入れる
2. 1をおにぎりの型につめ、形を作って取り出して完成

口の中が幸せでいっぱい！
鮭じゃこおにぎり

大葉は
免疫力アップ！
貧血予防に◎

カルシウム増し増し！
えびじゃこ枝豆おにぎり

材料（1個分）
- ご飯 …………… 90g
- 枝豆 …………… 10粒
- ちりめんじゃこ
  ………… 小さじ1
- 桜えび …… 小さじ1
- 青のり …… 小さじ1/2
- 白だし …… 小さじ1/2

作り方
1. ご飯とすべての材料をボウルに入れてよく混ぜ合わせる
2. 1をおにぎりの型につめ、形を作って取り出して完成

ちりめんじゃこは200ml瓶の牛乳10本分のカルシウム！

材料（1個分）
- ご飯 …………… 90g
- ミョウガ …… 1/2個
- 大葉 …………… 1枚
- カリカリ梅 …… 2粒
- 白ごま …… 小さじ1/2
- 白だし …… 小さじ1/2

作り方
1. ミョウガは輪切りにし、30秒程水にさらしてアク抜いて水気を取る
2. ご飯とすべての材料をボウルに入れてよく混ぜ合わせる。大葉とカリカリ梅はハサミで細かくカットしながら入れる
3. 2をおにぎりの型につめ、形を作って取り出して完成

具の食感を楽しんで！
カリシャキおにぎり

ミョウガは食欲増進、むくみや高血圧予防に◎

大葉でさっぱり！
たらこしらすおにぎり

材料（1個分）
- ご飯 …………… 90g
- 焼きたらこ …… 1/2 腹
- しらす …… 大さじ1
- 大葉 …………… 2枚
- めんつゆ（4倍濃縮） ………… 小さじ1/2

作り方
1. ご飯とすべての材料をボウルに入れてよく混ぜ合わせる。焼きたらこと大葉はハサミで細かくカットしながら入れる
2. 1をおにぎりの型につめ、形を作って取り出して完成

たらこは焼くことで、より栄養がギュッとつまった食材になる◎

Part 5 栄養満点！健康おにぎり

材料（1個分）
- ご飯 …………………………… 90g
- 塩昆布 ……………………… 大さじ1/2
- ミョウガ ……………………… 1個
- 白ごま ……………………… 大さじ1/2
- 大葉 …………………………… 2枚

作り方
1. ミョウガはハサミで細かくカットし、30秒間水にさらしてアクを抜いて水気を取る
2. ご飯とすべての材料をボウルに入れてよく混ぜ合わせる。大葉はハサミで細かくカットしながら入れる
3. 2をおにぎりの型につめ、形を作って取り出して完成

夏にピッタリ！
薬味おにぎり

暑い夏にさっぱりおにぎりですね！
@changer.qingshui

おいしくて体にいい！
海苔アボカドおにぎり

アボカド大好きだから
やってみます。
@jun_sonrisa

材料（1個分）

- ご飯 …………… 90g
- ★アボカド …… 1/4個
- ★塩 ……… ひとつまみ
- ★マヨネーズ
  ………… 大さじ1/2
- 韓国海苔（八つ切り）
  ………………… 4枚

作り方

1. アボカドは食べやすい大きさにカットする
2. ご飯と★の材料をボウルに入れてよく混ぜ合わせる
3. 韓国海苔を手で細かくちぎりながら2に入れてよく混ぜ合わせる
4. 3をおにぎりの型につめ、形を作って取り出して完成

 POINT ▶韓国海苔は、パリパリ感を残すために最後に入れてください

材料（1個分）

- ご飯 ………………………… 90g
- ちりめんじゃこ …………… 大さじ1
- 塩昆布 ……………………… 大さじ1/2
- 梅干し ……………………… 1個
- ごま油 ……………………… 小さじ1/2

作り方

1. ご飯とすべての材料をボウルに入れてよく混ぜ合わせる。梅干しはハサミで細かくカットしながら入れる
2. 1をおにぎりの型につめ、形を作って取り出して完成

じゃこがたっぷり！
梅じゃこ塩昆布おにぎり

ちりめんじゃこには骨粗しょう症やイライラ予防に効果◎

これはハマる！
鮭と大葉の雑穀おにぎり

ダイエット中なので雑穀レシピ嬉しい〜！
@shiori_beauty

材料（1個分）
- 雑穀ご飯 …………………………… 90g
- 鮭フレーク ……………………… 大さじ1/2
- 大葉 ………………………………… 2枚
- わさびチューブ ……………………… 1cm程度

作り方
1. 雑穀ご飯とすべての材料をボウルに入れてよく混ぜ合わせる。大葉はハサミで細かくカットしながら入れる
2. 1をおにぎりの型につめ、形を作って取り出して完成

POINT
- はぴ夫婦おすすめの雑穀米は「KOKUU」。
- グルテンフリーで国産雑穀のみを使っているのがイチオシポイントです

材料（1個分）
- 雑穀ご飯 …………………………… 90g
- 梅干し ……………………………… 1個
- 大葉 ………………………………… 2枚

作り方
1. 雑穀ご飯を入れたボウルに、梅干しと大葉をハサミで細かくカットしながら入れてよく混ぜ合わせる
2. 1をおにぎりの型につめ、形を作って取り出して完成

罪悪感なし！
彩り豊かな
お花見おにぎり

雑穀にするといつものご飯がパワーアップ！

Part 5 栄養満点！健康おにぎり

新食感が楽しい！
長芋梅おにぎり

おにぎりに長芋！？
発想なかったけど
美味しそう！
@ nyaki_saya

材料 (1個分)

- ご飯 ……………… 90g
- 梅干し …………… 1個
- 長芋 ……………… 適量
- かつお節 ………… 1g
- 白ごま …… 大さじ 1/2
- しょうゆ
  ………… 小さじ 1/2

作り方

1. 長芋を1cm角にカットする
2. ご飯とすべての材料をボウルに入れてよく混ぜ合わせる。梅干しはハサミで細かくカットしながら入れる
3. 2をおにぎりの型につめ、形を作って取り出して完成

実はこれ、栄養モンスター！
チーズちくわおにぎり

材料 (1個分)

- ご飯 ……………… 80g
- ちくわ ………… 1/2本
- ベビーチーズ … 1個
- 大葉 ……………… 2枚
- ごま油 …… 小さじ 1/2
- しょうゆ
  ………… 小さじ 1/2

作り方

1. フライパンにごま油をひき、薄い輪切りにしたちくわを炒める
2. ちくわに焼き目がついたら、しょうゆで味をつける
3. ご飯を入れたボウルに2と、大葉とベビーチーズをハサミで細かくカットしながら入れてよく混ぜ合わせる
4. 3をおにぎりの型につめ、形を作って取り出して完成

彩りがきれい！
梅とじゃことオクラのおにぎり

材料（1個分）

- ご飯 ……………………………………… 90g
- 冷凍オクラ ……………………………… 1本分
- ちりめんじゃこ ………………………… 大さじ1/2
- 梅干し …………………………………… 1個

作り方

1. 冷凍オクラは解凍して水気を取る
2. ご飯とすべての材料をボウルに入れてよく混ぜ合わせる。梅干しはハサミで細かくカットしながら入れる
3. 2をおにぎりの型につめ、形を作って取り出して完成

Part 5 栄養満点！健康おにぎり

材料（1個分）

- ご飯 ……………………………………… 90g
- 冷凍サバ ………………………………… 1/4尾分
- 梅干し …………………………………… 1個
- 大葉 ……………………………………… 2枚
- 白ごま …………………………………… 大さじ1/2

作り方

1. 冷凍サバは解凍して焼き、骨と皮を取ってフレーク状にする
2. ご飯とすべての材料をボウルに入れてよく混ぜ合わせる。梅干しと大葉はハサミで細かくカットしながら入れる
3. 2をおにぎりの型につめ、形を作って取り出して完成

 ▶サバの皮は生臭くなるので取って、身だけフレークにします

相性抜群！
サバと梅のおにぎり

これは…おいしそう！
夏もさっぱり食べられそう！！
@taji._.meshi

最強の組み合わせ！
大葉しらすおにぎり

早速明日の
旦那のおにぎりに
作ってみます！
@sowelu323

材料 (1個分)

- ご飯 ……… 90g
- しらす …… 大さじ1
- 大葉 ……… 2枚
- 白ごま …… 大さじ1/2
- めんつゆ（4倍濃縮） ……… 大さじ1/2

作り方

1. ご飯とすべての材料をボウルに入れてよく混ぜ合わせる。大葉はハサミで細かくカットしながら入れる
2. 1をおにぎりの型につめ、形を作って取り出して完成

材料 (1個分)

- ご飯 ……… 90g
- 梅干し …… 1個
- しらす …… 大さじ1/2
- 大葉 ……… 2枚
- 白ごま …… 大さじ1/2
- 塩 ………… ひとつまみ

作り方

1. ご飯とすべての材料をボウルに入れてよく混ぜ合わせる。梅干しと大葉はハサミで細かくカットしながら入れる
2. 1をおにぎりの型につめ、形を作って取り出して完成

これ作っときゃまちがいない！
梅しらすおにぎり

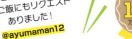

朝ごはんに作ったら
晩ご飯にもリクエスト
ありました！
@ayumaman12

Buzz Onigiri
100万回再生！

毎日食べたい！
ごちそう
おにぎり

見た目も味も超贅沢！
ひと手間かけるからこそ絶品のおにぎりが作れます。
イベントはもちろん、
ホームパーティーにも活躍するレシピを紹介します。

生ハムに包まれたおにぎりなんて超贅沢！

究極のごちそう！
生ハムバジルチーズおにぎり

材料（1個分）

- ご飯 ………………………………… 90g
- ★すし酢 …………………………… 大さじ1/2
- ★白ごま …………………………… 大さじ1/2
- ★バジル（粉末） ………………… 適量
- ★塩 ………………………………… ひとつまみ
- ベビーチーズ ……………………… 1個
- 生ハム ……………………………… 3枚

作り方

1 ご飯と★の材料をボウルに入れてよく混ぜ合わせる

2 ハサミで細かくカットしたベビーチーズを**1**に入れて軽く混ぜ合わせる

3 **2**をおにぎりの型につめ、形を作って取り出す

4 ラップの上に生ハムを1枚広げて**3**をのせ、残りの生ハムでおにぎり全体を覆う

5 生ハムがはがれないようにぎゅっと握り、おにぎりの頂点にバジルを振りかけて完成

▶生ハムを巻くときは、ラップで包むとやりやすいのでおすすめです
▶生ハムがはがれないように少し強めに握ってください

うまみがあふれる！
ベーコンと小松菜のチャーハンおにぎり

> うまみが染みてて美味しすぎる！
> @hana_mky

材料（1個分）

- ご飯 ……………………………………… 80g
- ベーコン（ブロック）………………… 25g
- 小松菜（茎の部分）………………… 1/2株分
- 酒 …………………………………… 小さじ1
- しょうゆ ………………………… 小さじ1/2
- サラダ油 ……………………………… 適量

作り方

1. ベーコンと小松菜は細かくカットする
2. サラダ油をひいたフライパンに、材料をすべて入れてよく炒め合わせる
3. 2をおにぎりの型につめ、形を作って取り出して完成

Part 6　毎日食べたい！ごちそうおにぎり

材料（1個分）

- ご飯 ……………………………………… 80g
- 鶏の唐揚げ ………………………………… 1個
- 小ねぎ …………………………… 小さじ1/2
- 白ごま …………………………… 大さじ1/2
- 鶏がらスープの素（顆粒）……… 小さじ1/2
- コチュジャン …………………… 小さじ1
- ケチャップ ……………………… 小さじ1/4

作り方

1. ご飯とすべての材料をボウルに入れてよく混ぜ合わせる。唐揚げはハサミで細かくカットしながら入れる
2. 1をおにぎりの型につめ、形を作って取り出して完成

ヤンニョムチキン風！
うま辛唐揚げおにぎり

> 旨辛な唐揚げが食欲をそそります！

113

家族が爆食いした！
カレー風味のサバタツタおにぎり

うわーー絶対やる！
美味しそうすぎます！
@ ayaka_iitokoniigata

材料 (1個分)

- ・ご飯 ………………………………… 90g
- ・大葉 ………………………………… 1枚
- ★冷凍サバ …………………………… 1/2 尾分
- ★しょうゆ …………………………… 大さじ 1/2
- ★酒 …………………………………… 大さじ 1/2
- ★みりん ……………………………… 大さじ 1/2
- ★にんにくチューブ ………………… 0.5cm
- ★生姜チューブ ……………………… 0.5cm
- ★カレー粉 …………………………… 小さじ 1/2
- ・片栗粉 ……………………………… 大さじ 2
- ・サラダ油 …………………………… 適量

作り方

1 冷凍サバは解凍して 4 等分にする

2 ★の材料をポリ袋に入れて揉み込み、10 分放置する

3 **2** に片栗粉をまんべんなくまぶしたら、170℃に熱したサラダ油でこんがりするまで揚げ焼きにする

4 おにぎりの形にしたご飯の上に大葉を置き、その上に **3** を 1 切れのせたら完成

▶サバと調味料はしっかり揉んでから時間を置くことで、味がしっかり染み込みます

生姜香る！
たこめしおにぎり

材料（2合分）

- 米　　　　　　　　　2合
- めんつゆ（4倍濃縮）
　　　　　　　　　大さじ4
- 茹でたこ　　　　　150g
- 生姜　　　　　　　　15g
- 塩　　　　　　ひとつまみ
- 枝豆　　　　　　　20粒

作り方

1. 米を研いで炊飯器の内釜に入れ、めんつゆと2合分の水を入れる
2. 1に塩、1cm幅にカットしたたこ、千切りにした生姜を入れて炊く
3. 炊き上がったら枝豆を入れてよく混ぜ合わせる
4. 3をおにぎりの型につめ、形を作って取り出して完成

Part 6 毎日食べたい！ごちそうおにぎり

材料（2合分）

- 米　　　　　　　　　　　2合
- ★とうもろこし　　　　　　1本
- ★酒　　　　　　　　　大さじ1/2
- ★塩　　　　　　　　　大さじ1/2
- バター　　　　　　　　　10g

作り方

1. 米を研いで炊飯器の内釜に入れ、2合分の水を入れる
2. 1に★の材料を入れて炊く。とうもろこしは身をそぎ落として入れる
3. 炊き上がったらバターを入れてよく混ぜ合わせる
4. 3をおにぎりの型につめ、形を作って取り出して完成

 ▶とうもろこしは芯も入れて炊き込むとコクがでます

炊飯器、ピッと押すだけ！
とうもろこしバターの炊き込みおにぎり

芯からおいしい出汁が出るから味付けはシンプルでOK！

前代未聞！
イタリアンおにぎり

ナッツと米！
今から作ってきます！
@ richama_meshi

材料（1個分）

- ご飯 …………… 90g
- ミックスナッツ
   …………… 10粒
- 生ハム ………… 2枚
- ★粉チーズ … 小さじ1
- ★オリーブオイル
   ………… 小さじ1/2
- ★塩 …… ひとつまみ
- ★バジル（粉末）
   ………… 8振り

作り方

1. ミックスナッツをポリ袋に入れて、めん棒などで細かく砕く
2. ご飯を入れたボウルに生ハムを細かくちぎりながら入れて混ぜる
3. 2に1と★の材料を入れてよく混ぜ合わせる
4. 3をおにぎりの型につめ、形を作って取り出して完成

 ▶ ミックスナッツを使ったほうが、いろいろな食感が楽しめるのでおすすめです

週末限定！
ガーリックチャーハンおにぎり

材料（1個分）

- ご飯 ……………………………… 90g
- 溶き卵 ………………………… 1/2個分
- ベーコン（ブロック） …………… 25g
- エスビー食品の「にんにく背脂」… 大さじ1/2
- 小ねぎ ………………………… 大さじ1/2
- しょうゆ ……………………… 小さじ1/2
- サラダ油 …………………………… 適量

作り方

1. ベーコンは細かく刻む
2. サラダ油をひいたフライパンに、ご飯とすべての材料を入れてよく炒め合わせる
3. 2をおにぎりの型につめ、形を作って取り出して完成

ごほうびおつまみ！
チャーシューおにぎり

材料（1個分）

- ご飯 …………………………………… 90g
- チャーシュー ………………………… 適量
- ブロッコリースプラウト …………… 適量
- 白ごま ………………………… 小さじ1/2
- ごま油 ………………………… 小さじ1/2

作り方

1 チャーシューは細かく刻む

2 ご飯とすべての材料をボウルに入れてよく混ぜ合わせる。ブロッコリースプラウトはハサミで細かくカットしながら入れる

3 2をおにぎりの型につめ、形を作って取り出して完成

> **POINT** ▶ブロッコリースプラウトは、小ねぎなどでも代用可能できます

材料（1個分）

- ご飯 …………………………………… 80g
- 焼きそば用麺 ………………………… 1/4玉
- ★青のり ……………………………… 小さじ1
- ★紅生姜 ……………………………… 大さじ1
- ★焼きそばソース（粉末）…………… 小さじ1
- サラダ油 ……………………………… 適量

作り方

1 サラダ油をひいたフライパンに麺とご飯を入れて炒める

2 1に★の材料を入れてよく炒め合わせる

3 2をおにぎりの型につめ、形を作って取り出して完成

焼きそばパンが嫉妬する！
そばめしおにぎり

高1の娘が友達に自慢したいと大絶賛！！

Part 6 毎日食べたい！ごちそうおにぎり

一口では言えない、このウマさ！
唐揚げ大葉おにぎり

おかずおにぎり
めっちゃおいしそう
ですね！
@ misa.f.k

材料（1個分）

- ご飯 …………………………………… 80g
- 鶏の唐揚げ …………………………… 1個
- 大葉 …………………………………… 2枚
- 白ごま ……………………………… 大さじ1/2

作り方

1. ご飯とすべての材料をボウルに入れてよく混ぜ合わせる。唐揚げと大葉はハサミで細かくカットしながら入れる
2. 1をおにぎりの型につめ、形を作って取り出して完成

材料（1個分）

- ご飯 …………………………………… 90g
- 冷凍サバ …………………………… 1/4 尾分
- 味噌 ………………………………… 小さじ1/2
- バター ………………………………… 2.5g

作り方

1. 冷凍サバは解凍して焼き、骨と皮を取ってフレーク状にする
2. ご飯とすべての材料をボウルに入れてよく混ぜ合わせる
3. 2をおにぎりの型につめ、形を作って取り出して完成

サバにハマる人増えてます！
サバ味噌バターおにぎり

118

これはうまい！
生ハムチーズおにぎり

材料（1個分）

- ご飯 ········· 80g
- 生ハム ········· 1.5 枚
- ベビーチーズ ········· 1 個
- 塩 ········· ひとつまみ
- 粗びき黒胡椒 ········· 少々

作り方

1 生ハムとベビーチーズを細かくカットする

2 ご飯と **1**、塩ボウルに入れてよく混ぜ合わせる。ベビーチーズはハサミで細かくカットしながら入れる

3 おにぎりの型に生ハムとベビーチーズを先に入れてから **2** をつめ、形を作って取り出す

4 粗びき黒胡椒を振りかけて完成

Part 6 毎日食べたい！ ごちそうおにぎり

材料（1個分）

- ご飯 ········· 90g
- 冷凍サバ ········· 1/4 尾分
- カレー粉 ········· 小さじ 1/2
- 塩 ········· ひとつまみ

作り方

1 冷凍サバは解凍して焼き、骨と皮を取ってフレーク状にする

2 ご飯とすべての材料をボウルに入れてよく混ぜ合わせる

3 **2** をおにぎりの型につめ、形を作って取り出して完成

最強コンビ誕生!?
サバカレーおにぎり

実はめちゃくちゃ相性いいの！試してみて！

 ▶ サバの皮は生臭くなるので取って、身だけフレークにする

119

贅沢すぎる！
海の幸おにぎり

美味しそうです！
自家製いくらなんて
凄いです！！
@sachirich

材料（1個分）
- ご飯 ………………………………… 90g
- ★焼き鮭 ……………………………… 1/2 切れ
- ★大葉 ………………………………… 2 枚
- ★白ごま ……………………………… 小さじ 1/2
- 焼き海苔（全形）…………………… 1/2 枚
- いくら ……………………………… 適量

作り方
1. 焼き鮭は骨と皮を取って細かくほぐす
2. ご飯と★の材料をボウルに入れてよく混ぜ合わせる。大葉はハサミで細かくカットしながら入れる
3. 焼き海苔を三角形になるよう半分に切る
4. **3** の上に **2** をのせて、海苔で包む
   ※海苔で包む方法は P54 参照
5. おにぎりの頂点にいくらをトッピングして完成

材料（1個分）
- ご飯 …………… 70g
- ★ベビーチーズ … 1 個
- ★塩 ……… 適量
- ★粗びき黒胡椒 ………… 適量
- ベーコン ………… 2 枚

作り方
1. ご飯と★の材料をボウルに入れてよく混ぜ合わせる。ベビーチーズはハサミで細かくカットしながら入れる
2. **1** をラップで包んで、丸く握る
3. クッキングシートの上にベーコンを十字に置き、中心に **2** をのせて左右上下で折りたたむ
4. 巻き終わりを下にして、塩と粗挽き黒胡椒（各分量外）を振りかける
5. 230℃のオーブントースターで 10 分焼いて完成

 ▶ オーブントースターで焼くときは、くっつかないようにクッキングシートを敷いてください

満足度 No.1！
ベーコンチーズ焼きおにぎり

家族の心を射止めた！
チュモッパ

材料（ピンポン玉サイズ5個分）

- ご飯 …………… 100g
- ★キムチ ………… 15g
- ★たくあん（薄切り）
   ………………… 2枚
- ★小ねぎ ………… 10g
- ★ごま油 …… 小さじ1
- ★白ごま … 大さじ1/2
- ★マヨネーズ
   ………… 大さじ1/2
- ・韓国海苔（八つ切り）
   ………………… 4枚

作り方

1. ご飯と★の材料をボウルに入れてよく混ぜ合わせる。たくあんとキムチはハサミで細かくカットしながら入れる
2. 韓国海苔を手で細かくちぎりながら**1**に入れてよく混ぜ合わせる
3. **2**を1/5量ずつラップの上にのせる
4. **3**を包んで丸く握ったら完成

ジューシー＆とろ〜り濃厚！
チーズ入り肉巻きおにぎり

作りました！
美味しかったです！！
息子大絶賛！！
@mametan_tibitan

材料（1個分）

- ご飯 ……………… 90g
- とろけるスライスチーズ
   ………………… 1/2枚
- サラダ油 ……… 適量
- 豚ロース薄切り肉
   ………………… 2枚
- 焼肉のたれ …… 適量
- 白ごま ………… 適量

作り方

1. おにぎりの型にご飯半量をつめ、チーズを折りたたんで入れる
2. **1**の上に残りのご飯をのせて蓋で押し、おにぎりの形にする
3. ラップの上に豚肉2枚を十字に置き、中心に**2**をのせて豚肉でぎゅっと包む
4. サラダ油をひいたフライパンで**3**の表面を焼く
5. ある程度焼き目がついたら、焼肉のたれを入れて味をつける。おにぎりの頂点に白ごまをトッピングして完成

▶ 側面までしっかり焼くと崩れにくくなります
▶ おにぎりの大きさは、肉の幅より少し小さめにしてください

Part 6 毎日食べたい！ ごちそうおにぎり

指まで舐めたい！
鶏そぼろ焼きおにぎり

材料（1個分）

- ご飯 …………… 90g
- ★鶏そぼろ … 大さじ1
- ★ほうれん草
  ………… 大さじ1/2
- ★白ごま … 小さじ1/2
- 味噌 …… 大さじ1/2
- みりん …… 小さじ1

作り方

1. ご飯と★の材料をボウルに入れてよく混ぜ合わせる
2. 1をおにぎりの型につめ、形を作って取り出す
3. 味噌とみりんをよく混ぜ合わせる
4. アルミホイルの上に置いた、2の片面に3を塗り、バーナーかオーブントースターで焦げ目がつくまで焼いて完成

> **POINT** ▶鶏そぼろの作り方は、P62「卵黄のしょうゆ漬けおにぎり」の作り方1、2を参照してください。市販のものを使用しても◎

味噌の香ばしさと鶏そぼろが食欲をそそります！！

材料（1個分）

- ご飯 ……………………………… 90g
- 大葉味噌（作り方はP13参照） …… 適量
- かつお節 ………………………… 1g
- 白ごま ……………………… 大さじ1/2

作り方

1. ご飯とかつお節、白ごまを別のボウルに入れてよく混ぜ合わせる
2. 1をおにぎりの型につめ、形を作って取り出す
3. アルミホイルの上に2を置き、大葉味噌を片面に塗る
4. 200℃のオーブントースターで5分程度焼いて完成

塗るだけでごちそうに大変身！
大葉味噌焼きおにぎり

食べ始めたら止まらない！
チーズビビンバ風焼きおにぎり

材料 (1個分)

- ご飯 …………… 90g
- キムチ ………… 15g
- ベビーチーズ … 1個
- 小ねぎ ………… 10g
- 白ごま … 小さじ 1/2
- コチュジャン
  …………… 小さじ 1/2
- 焼肉のたれ
  …………… 小さじ 1/2
- ごま油 ………… 適量

作り方

1. ご飯とすべての材料をボウルに入れてよく混ぜ合わせる。キムチとベビーチーズはハサミで細かくカットしながら入れる
2. 1をおにぎりの型につめ、形を作って取り出す
3. フライパンにごま油をひき、2の表面をしっかり焼いて完成

Part 6 毎日食べたい！ごちそうおにぎり

材料 (1杯分)

- ご飯 …………… 90g
- ごま油 ………… 適量
- しょうゆ
  ………… 小さじ 1/2
- 白だし …… 大さじ 1
- 熱湯 ………… 150mℓ
- ★鮭フレーク
  …………… 小さじ 1
- ★白ごま … ひとつまみ
- ★小ねぎ ……… 適量

作り方

1. フライパンにごま油をひいて、おにぎりの形にしたご飯を表面カリッとするまで焼く
2. 1の火を止めて、しょうゆを入れて味をつける
3. カップに白だしと熱湯を入れてよく混ぜ合わせる
4. 2を器に盛り、★の材料をトッピングする
5. 3を注いで完成

料亭の味完全再現！
焼きおにぎり茶漬け

長男が美味しそうと
いうので早速
作ってみました！！
@riamama1160

123

食材別索引

具材別のあいうえお索引です。調味料は除外しています。本書で具材として使用している材料からおにぎりのレシピを検索できます。

あ

●合いびき肉
- ガッツリそぼろおにぎり ……………… 66
- 担々風おにぎり ………………………… 70

●青のり
- 梅たぬきおにぎり ……………………… 24
- 悪魔のおにぎり ………………………… 25
- 青のりツナおにぎり …………………… 27
- シン・悪魔のおにぎり ………………… 29
- 鮭たぬきおにぎり ……………………… 31
- 揚げない天むす ………………………… 63
- 磯辺揚げ風おにぎり …………………… 77
- 青のりチーズの唐揚げおにぎり ……… 80
- 青のりウインナーおにぎり …………… 86
- こざかナッツおにぎり ……………… 102
- えび枝豆じゃこおにぎり …………… 104
- そばめしおにぎり …………………… 117

●赤しそふりかけ
- 赤しそチーズおにぎり ………………… 22

●味付けいなり
- お稲荷おにぎり ………………………… 48
- つつまないお稲荷さん ………………… 50

●アジフライ
- アジフライマヨおにぎり ……………… 71

●アボカド
- 海苔アボカドおにぎり ……………… 106

い

●いくら
- 海の幸おにぎり ……………………… 120

●炒り卵
- 炒り卵おにぎり ………………………… 37
- 韓国スープ風おにぎり ………………… 41
- だし巻き卵風おにぎり ………………… 43
- ふわサクおにぎり ……………………… 49
- ふわふわおにぎり ……………………… 50
- 大葉たまごチーズおにぎり …………… 51
- ツナマヨたまおにぎり ………………… 81
- 鮭たまおにぎり ………………………… 82
- 枝豆と炒り卵のおにぎり ……………… 88

う

●ウインナー
- ウインナーチーズカレーおにぎり … 76
- ケチャップおにぎり …………………… 79
- 青のりウインナーおにぎり …………… 86

●梅干し
- 梅塩昆布おにぎり ……………………… 18
- 梅海苔しらす …………………………… 19
- 鶏梅がらおにぎり ……………………… 23
- 梅と大葉の悪魔的おにぎり …………… 24
- 梅たぬきおにぎり ……………………… 24
- 梅味噌おにぎり ………………………… 30
- 梅ねぎおにぎり ………………………… 32
- ダブル昆布おにぎり …………………… 41
- さっぱり梅ツナおにぎり ……………… 43
- 梅味噌焼きおにぎり …………………… 44
- 栄養満点かぶたくおにぎり …………… 92
- しらすとわかめのおにぎり …………… 93
- 梅ごまミョウガおにぎり ……………… 97
- 梅おかかの彩りおにぎり ……………… 98
- ごま油香る梅わかめおにぎり ………… 99
- 梅じゃこ塩昆布おにぎり …………… 106
- 彩り豊かなお花見おにぎり ………… 107
- 長芋梅おにぎり ……………………… 108
- 梅とじゃことオクラのおにぎり …… 109
- サバと梅のおにぎり ………………… 109
- 梅しらすおにぎり …………………… 000

え

●枝豆
- 桜えびと枝豆のカラフルおにぎり … 25
- 枝豆と焼きたらこの濃厚おにぎり … 37
- ツナと枝豆と塩昆布のおにぎり …… 83
- 枝豆と炒り卵のおにぎり ……………… 88
- えび枝豆じゃこおにぎり …………… 104
- たこめしおにぎり …………………… 115

●えのき
- 自家製なめ茸おにぎり ………………… 58

お

●大葉
- 梅海苔しらすおにぎり ………………… 19
- 大人の味噌わさびおにぎり …………… 19

- ごま油と大葉香るクリチーおにぎり … 21
- 野沢菜おにぎり ………………………… 23
- 梅と大葉の悪魔的おにぎり …………… 24
- 悪魔のおにぎり ………………………… 25
- たらこ大葉おにぎり …………………… 28
- 梅味噌おにぎり ………………………… 30
- コンビーフおにぎり …………………… 31
- 桜えびと塩昆布のたぬきおにぎり … 34
- 彩り3色おにぎり ……………………… 40
- チーズ明太焼きおにぎり ……………… 42
- 鮭チーズの大葉巻き …………………… 44
- チーズ明太バターおにぎり …………… 45
- 大葉たらこチーズおにぎり …………… 46
- たくあんおかかおにぎり ……………… 48
- 味噌たくチーズおにぎり ……………… 51
- 大葉たまごチーズおにぎり …………… 51
- アジフライマヨおにぎり ……………… 71
- じゃこたらこおにぎり ………………… 93
- サバ大葉おにぎり ……………………… 94
- カルシウム爆弾おにぎり ……………… 97
- サバたらこおにぎり ………………… 103
- 鮭じゃこおにぎり …………………… 103
- カリシャキおにぎり ………………… 104
- たらこしらすおにぎり ……………… 105
- 薬味おにぎり ………………………… 105
- 鮭と大葉の雑穀おにぎり …………… 107
- 彩り豊かなお花見おにぎり ………… 107
- チーズちくわおにぎり ……………… 108
- サバと梅のおにぎり ………………… 109
- 大葉しらすおにぎり ………………… 110
- 梅しらすおにぎり …………………… 110
- カレー風味のサバタツタおにぎり … 114
- 唐揚げ大葉おにぎり ………………… 118
- 海の幸おにぎり ……………………… 120

●大葉味噌
- 大葉味噌おにぎり ……………………… 65
- 大葉味噌焼きおにぎり ……………… 122

か

●かつお節
- 梅塩昆布おにぎり ……………………… 18

124

| 具だくさんおにぎり …………… 20
| かつお節香る塩昆布クリチーおにぎり … 22
| 野沢菜おにぎり ………………… 23
| 鮭塩昆布おにぎり ……………… 32
| 中華風おにぎり ………………… 33
| 桜えびと塩昆布のたぬきおにぎり … 34
| 明太クリチーおにぎり ………… 36
| だし巻き卵風おにぎり ………… 43
| たくあんおかかおにぎり ……… 48
| 大葉たまごチーズおにぎり …… 51
| 明太マヨおにぎり ……………… 70
| たらこチーズおにぎり ………… 75
| 魅惑のチーズおかか …………… 84
| クリチーおかかおにぎり ……… 87
| 枝豆と炒り卵のおにぎり ……… 88
| じゃこたらこおにぎり ………… 93
| しらすとわかめのおにぎり …… 93
| 生姜のおにぎり ………………… 95
| 梅おかかの彩りおにぎり ……… 98
| じゃこおかかおにぎり ………… 101
| 長芋梅おにぎり ………………… 108
| 大葉味噌焼きおにぎり ………… 122
| ●かぶの葉
| 栄養満点かぶたくおにぎり …… 92
| ●唐揚げ
| 海苔唐揚げおにぎり …………… 75
| 青のりチーズの唐揚げおにぎり … 80
| 唐揚げと塩昆布のおにぎり …… 83
| うま辛唐揚げおにぎり ………… 113
| 唐揚げ大葉おにぎり …………… 118
| ●カリカリ梅
| カリカリ梅おにぎり …………… 39
| 彩り3色おにぎり ……………… 40
| カリシャキおにぎり …………… 104
| ●カレーのルー
| キーマカレーおにぎり ………… 64
| ●韓国海苔
| 梅海苔おにぎり ………………… 19
| 海苔わさびおにぎり …………… 21
| 海苔明太おにぎり ……………… 27
| 韓国風おにぎり ………………… 28
| カリカリ梅おにぎり …………… 39
| 彩り3色おにぎり ……………… 40
| 韓国スープ風おにぎり ………… 41
| 海苔唐揚げおにぎり …………… 75

| 海苔ツナおにぎり ……………… 79
| 鮭マヨ海苔おにぎり …………… 81
| 海苔アボカドおにぎり ………… 106
| チュモッパ ……………………… 121
| ●牛こま切れ肉
| 甘辛牛肉のおにぎり …………… 57
| ●キムチ
| 卵黄豚キムチおにぎり ………… 68
| チュモッパ ……………………… 121
| チーズビビンバ風焼きおにぎり … 123
| ●クリームチーズ
| ごま油と大葉香るクリチーおにぎり … 21
| かつお節香る塩昆布クリチーおにぎり … 22
| 明太クリチーおにぎり ………… 36
| 枝豆と焼きたらこの濃厚おにぎり … 37
| クリチーナッツおにぎり ……… 39
| ツナクリチーおにぎり ………… 57
| 昆布クリチーおにぎり ………… 59
| 高菜クリチーおにぎり ………… 61
| 明太子とクリチーのおにぎり … 65
| たらこチーズおにぎり ………… 75
| 鮭クリチーおにぎり …………… 77
| 塩昆布クリチーおにぎり ……… 78
| クリチーおかかおにぎり ……… 87
| 塩昆布と鮭チーズおにぎり …… 89
| ●こ
| ●小ねぎ
| 具だくさんおにぎり …………… 20
| ねぎ香る悪魔のおにぎり ……… 30
| 梅ねぎおにぎり ………………… 32
| 中華風おにぎり ………………… 33
| 紅生姜の悪魔風おにぎり ……… 33
| 鮭ねぎおにぎり ………………… 34
| 韓国スープ風おにぎり ………… 41
| ネギツナマヨおにぎり ………… 49
| 明太バターおにぎり …………… 59
| コンビーフマヨおにぎり ……… 62
| 和風ツナマヨおにぎり ………… 66
| たらこバターしょうゆ ………… 67
| 明太マヨおにぎり ……………… 70
| 鮭バターおにぎり ……………… 89
| サバねぎおにぎり ……………… 99
| うま辛唐揚げおにぎり ………… 113

| ガーリックチャーハン ………… 116
| チュモッパ ……………………… 121
| チーズビビンバ風焼きおにぎり … 123
| 焼きおにぎり茶漬け …………… 123
| ●小松菜
| 小松菜じゃこおにぎり ………… 100
| 栄養満点おにぎり ……………… 102
| ベーコンと小松菜のチャーハンおにぎり … 113
| ●コンビーフ
| コンビーフおにぎり …………… 31
| コンビーフマヨおにぎり ……… 62
| ●昆布
| 昆布クリチーおにぎり ………… 59
| サバねぎおにぎり ……………… 99
| ●コーン
| 焼肉コーンのおにぎり ………… 69
| バターコーンおにぎり ………… 74
| ●さ
| ●桜えび
| 桜えびと枝豆のカラフルおにぎり … 25
| 桜えびと天かすおにぎり ……… 26
| 桜えびと塩昆布のたぬきおにぎり … 34
| ●鮭フレーク
| 鮭たぬきおにぎり ……………… 31
| 鮭塩昆布おにぎり ……………… 32
| 鮭ねぎおにぎり ………………… 34
| 栄養たっぷりおにぎり ………… 42
| 鮭チーズの大葉巻き …………… 44
| 鮭味噌おにぎり ………………… 78
| 鮭たまおにぎり ………………… 82
| 鮭しょうゆバターおにぎり …… 85
| 鮭バターおにぎり ……………… 89
| 塩昆布と鮭チーズおにぎり …… 89
| 鮭じゃこおにぎり ……………… 103
| 鮭と大葉の雑穀おにぎり ……… 107
| 焼きおにぎり茶漬け …………… 123
| ●サニーレタス
| ツナマヨチーズおにぎり ……… 61
| ●冷凍サバ
| サバ大葉おにぎり ……………… 94
| サバねぎおにぎり ……………… 99
| 塩サバ昆布おにぎり …………… 101
| サバたらこおにぎり …………… 103
| サバと梅のおにぎり …………… 109
| カレー風味のサバタツタおにぎり … 114

サバ味噌バターおにぎり ………… 118
サバカレーおにぎり ……………… 119
●サーモン
サーモンマヨおにぎり ……………… 60
●し
●塩昆布
梅塩昆布おにぎり ………………… 18
具だくさんおにぎり ……………… 20
かつお節香る塩昆布クリチーおにぎり … 22
梅と大葉の悪魔的おにぎり ……… 24
桜えびと枝豆のカラフルおにぎり … 25
桜えびと天かすおにぎり ………… 26
シン・悪魔のおにぎり …………… 29
鮭塩昆布おにぎり ………………… 32
紅生姜の悪魔風おにぎり ………… 33
桜えびと塩昆布のたぬきおにぎり … 34
ダブル昆布おにぎり ……………… 41
にんじん塩昆布おにぎり ………… 47
塩昆布クリチーおにぎり ………… 78
唐揚げと塩昆布のおにぎり ……… 83
ツナと枝豆と塩昆布のおにぎり … 83
魅惑のチーズおかか ……………… 84
ツナ塩昆布おにぎり ……………… 87
えび塩昆布おにぎり ……………… 88
塩昆布と鮭チーズおにぎり ……… 89
サバねぎおにぎり ………………… 99
塩サバ昆布おにぎり …………… 101
薬味おにぎり …………………… 105
梅じゃこ塩昆布おにぎり ……… 106
●ししとう
ししとう味噌おにぎり …………… 71
●しその実
しばしそおにぎり ………………… 95
●しば漬け
しばしそおにぎり ………………… 95
●生姜
担々風おにぎり …………………… 70
生姜のおにぎり …………………… 95
たこめしおにぎり ……………… 115
●しらす
高菜しらすおにぎり ……………… 29
盛りだくさんおにぎり …………… 40
しらすとわかめおにぎり ………… 93
しらすと野菜のおにぎり ………… 96
たらしらすおにぎり …………… 105

大葉しらすおにぎり …………… 110
梅しらすおにぎり ……………… 110
●す
●スライスチーズ
チーズ明太バターおにぎり ……… 45
ツナマヨチーズおにぎり ………… 61
チーズ焼きおにぎり ……………… 80
チーズ入り肉巻きおにぎり …… 121
●た
●高菜
高菜たらこおにぎり ……………… 26
高菜しらすおにぎり ……………… 29
高菜明太子のおにぎり …………… 56
高菜クリチーおにぎり …………… 61
高菜明太マヨおにぎり …………… 64
●たくあん
たくあんおかかおにぎり ………… 48
味噌たくチーズおにぎり ………… 51
栄養満点かぶたくおにぎり ……… 92
チュモッパ ……………………… 121
●たこ
たこめしおにぎり ……………… 115
●卵
ガーリックチャーハンおにぎり … 116
●玉ねぎ
キーマカレーおにぎり …………… 64
●たらこ
たらこ大葉おにぎり ……………… 28
大葉たらこチーズおにぎり ……… 46
野沢菜たらこおにぎり …………… 63
たらこバターしょうゆおにぎり … 67
たらこチーズおにぎり …………… 75
サバたらこおにぎり …………… 103
●ち
●ちくわ
磯辺揚げ風おにぎり ……………… 77
栄養満点おにぎり ……………… 102
チーズちくわおにぎり ………… 108
●ちりめんじゃこ
じゃこたらこおにぎり …………… 93
カルシウム爆弾おにぎり ………… 97
小松菜じゃこおにぎり ………… 100
じゃこおかかおにぎり ………… 101
こざかナッツ …………………… 102
鮭じゃこおにぎり ……………… 103

えび枝豆じゃこおにぎり ……… 104
梅じゃこ塩昆布おにぎり ……… 106
梅とじゃことオクラのおにぎり … 109
●チャーシュー
チャーシューおにぎり ………… 117
●つ
●ツナ缶
具だくさんおにぎり ……………… 20
青のりツナおにぎり ……………… 27
さっぱり梅ツナおにぎり ………… 43
究極のツナおにぎり ……………… 47
にんじん塩昆布おにぎり ………… 47
ネギツナマヨおにぎり …………… 49
ツナクリチーおにぎり …………… 57
ツナマヨチーズおにぎり ………… 61
和風ツナマヨおにぎり …………… 66
わさび香るツナマヨおにぎり …… 69
海苔ツナおにぎり ………………… 79
ツナマヨたまおにぎり …………… 81
ツナと枝豆と塩昆布のおにぎり … 83
ツナ塩昆布おにぎり ……………… 87
●て
●天かす
梅と大葉の悪魔的おにぎり ……… 24
梅たぬきおにぎり ………………… 24
悪魔のおにぎり …………………… 25
桜えびと天かすおにぎり ………… 26
シン・悪魔のおにぎり …………… 29
ねぎ香る悪魔のおにぎり ………… 30
鮭たぬきおにぎり ………………… 31
梅ねぎおにぎり …………………… 32
紅生姜の悪魔風おにぎり ………… 33
桜えびと塩昆布のたぬきおにぎり … 34
ふわサクおにぎり ………………… 49
揚げない天むす …………………… 63
磯辺揚げ風おにぎり ……………… 77
●と
●とうもろこし
とうもろこしバターの炊き込みおにぎり … 115
●鶏そぼろ
卵黄のしょうゆ漬けおにぎり …… 62
鶏そぼろ焼きおにぎり ………… 122
●とろろ昆布
ダブル昆布おにぎり ……………… 41

な
- 長芋
  - 長芋梅おにぎり ……………… 108
- 長ネギ
  - ネギ肉味噌おにぎり …………… 68
- 生ハム
  - 生ハムバジルチーズおにぎり …… 112
  - イタリアンおにぎり …………… 116
  - 生ハムチーズおにぎり ………… 119

に
- 肉味噌
  - 肉味噌おにぎり ………………… 67
- にらだれ（KALDI）
  - ニラだれ卵黄のおにぎり ………… 60
- にんじん
  - にんじん塩昆布おにぎり ………… 47
  - つつまないお稲荷さん …………… 50
  - キーマカレーおにぎり …………… 64
  - しらすと野菜のおにぎり ………… 96

の
- 野沢菜
  - 野沢菜おにぎり ………………… 23
  - 野沢菜たらこおにぎり …………… 63

は
- パルメザンチーズ
  - イタリアンおにぎり …………… 116

ひ
- ピザ用チーズ
  - チーズ明太焼きおにぎり ………… 42
  - ウインナーチーズカレーおにぎり … 76
  - チーズカレー焼きおにぎり ……… 86
- ピーマン
  - しらすと野菜のおにぎり ………… 96

ふ
- 豚こま切れ肉
  - 卵黄豚キムチおにぎり …………… 68
- 豚ひき肉
  - キーマカレーおにぎり …………… 64
  - ネギ肉味噌おにぎり …………… 68
  - 焼肉コーンのおにぎり …………… 69
  - ししとう味噌おにぎり …………… 71
- 豚ロース薄切り肉
  - チーズ入り肉巻きおにぎり …… 121
- ブロッコリー
  - 栄養たっぷりおにぎり …………… 42

- ブロッコリースプラウト
  - チャーシューおにぎり ………… 117

へ
- ベーコン
  - ベーコンと小松菜のチャーハンおにぎり … 113
  - ガーリックチャーハンおにぎり … 116
  - ベーコンチーズ焼きおにぎり …… 120
- 紅生姜
  - 紅生姜の悪魔風おにぎり ………… 33
  - お稲荷おにぎり ………………… 48
  - ガッツリそぼろおにぎり ………… 66
  - そばめしおにぎり ……………… 117
- ベビーチーズ
  - 赤しそチーズおにぎり …………… 22
  - 鮭チーズの大葉巻き ……………… 44
  - 大葉たらこチーズおにぎり ……… 46
  - 味噌たくチーズおにぎり ………… 51
  - 大葉たまごチーズおにぎり ……… 51
  - 青のりチーズの唐揚げおにぎり … 80
  - 魅惑のチーズおかか ……………… 84
  - チーズちくわおにぎり ………… 108
  - 生ハムバジルチーズおにぎり …… 112
  - 生ハムチーズおにぎり ………… 119
  - ベーコンチーズ焼きおにぎり …… 120
  - チーズビビンバ風焼きおにぎり … 123

ほ
- ほうれん草
  - 鶏そぼろ焼きおにぎり ………… 122
- 干し小えび
  - えび塩昆布おにぎり ……………… 88
  - えび枝豆じゃこおにぎり ……… 104

み
- ミックスナッツ
  - クリチーナッツおにぎり ………… 39
  - こざかナッツおにぎり ………… 102
  - イタリアンおにぎり …………… 116
- ミョウガ
  - 梅ごまミョウガおにぎり ………… 97
  - カリシャキおにぎり …………… 104
  - 薬味おにぎり …………………… 105

む
- むきエビ
  - 揚げない天むす ………………… 63
- 無印良品のさばと昆布
  - ふわふわおにぎり ……………… 50

め
- 明太子
  - 海苔明太おにぎり ……………… 27
  - 明太クリチーおにぎり …………… 36
  - チーズ明太焼きおにぎり ………… 42
  - チーズ明太バターしょうゆ ……… 45
  - わかめ明太子おにぎり …………… 45
  - 高菜明太子のおにぎり …………… 56
  - 明太バターおにぎり ……………… 59
  - 高菜明太マヨおにぎり …………… 64
  - 明太子とクリチーのおにぎり …… 65
  - 明太マヨおにぎり ……………… 70

や
- 焼き芋
  - さつまいもおにぎり ……………… 84
- 焼き鮭
  - 鮭レモンおにぎり ……………… 38
  - 鮭クリチーおにぎり ……………… 77
  - 鮭マヨ海苔おにぎり ……………… 81
  - 海の幸おにぎり ………………… 120
- 焼きそば用麺
  - そばめしおにぎり ……………… 117
- 焼きたらこ
  - 高菜たらこおにぎり ……………… 26
  - 枝豆と焼きたらこの濃厚おにぎり … 37
  - じゃこたらこおにぎり …………… 93
  - たらこしらすおにぎり ………… 105

ら
- 卵黄のしょうゆ漬け
  - ニラだれ卵黄のおにぎり ………… 60
  - 卵黄のしょうゆ漬けおにぎり …… 62
  - 卵黄豚キムチおにぎり …………… 68

れ
- 冷凍オクラ
  - 梅おかかの彩りおにぎり ………… 98
  - 梅とじゃことオクラのおにぎり … 109
- レモン
  - 鮭レモンおにぎり ……………… 38

わ
- わかめ
  - わかめ明太子おにぎり …………… 45
  - しらすとわかめのおにぎり ……… 93
  - ごま油香る梅わかめおにぎり …… 99

はぴ夫婦

新潟県在住。高3、高1、6歳、4歳の4人の子どもたちと6人＋犬1匹の家族。Instagramを中心に、バリエーション豊富な簡単おにぎりレシピを発信し人気に。妻のさやかさんは食育インストラクターの資格を取得し、栄養面も考えたおにぎりレシピを考案している。318万回再生された、和のうまみが凝縮された「シン・ツナおにぎり」、313万回再生の梅干し×塩昆布の「梅おにぎり進化版」、500万回再生超えの「握らない高菜明太おにぎり」など、大きな反響があったレシピ多数。

Instagram：@hapi_onigiri.recipe

STAFF

撮影	岩橋由希子（HP：yukikoiwahashi.com　Instagram：@yukiko.foodphoto）
ブックデザイン	山田素子
本文DTP	徳本育民
構成・執筆	石黒太郎、古谷梨菜子（スタジオダンク）
編集	田中早紀

Special Thanks　みふぁ、ジュリー、ますみちゃん

やみつき！コシヒカリ農家の
絶品おにぎりレシピ

2024年10月29日　第1刷発行

著　者	はぴ夫婦
発行人	関川 誠
発行所	株式会社宝島社
	〒102-8388　東京都千代田区一番町25番地
	電話：営業　03-3234-4621
	編集　03-3239-0646
	https://tkj.jp
印刷・製本	サンケイ総合印刷株式会社

本書の無断転載・複製を禁じます。
乱丁・落丁本はお取り替えいたします。

©Hapifufu 2024
Printed in Japan
ISBN 978-4-299-06025-9